日本語表現のレッスン

長沼行太郎
青嶋　康文
入部　明子
向後　千春
幸田　国広
佐野　正俊
傍嶋　恵子
豊澤　弘伸　著

――文章技法から
イベント・プレゼンの
企画と実施まで

教育出版

目次

第6部　電子ツールを用いた論文作成法

第7部　電子ツールを用いたプレゼンテーション

はじめに

読者や聞き手に効果的にはたらきかける表現力を身に付けたいと願う人びとのために本書はつくられました。本書は、大学・短大・専門学校で表現力をきたえるためのテキストとしても、また一般の自学自習書としても使用することができます。

本書の特徴は次の通りです。

①大学入学までに必要とされる基礎的な能力・スキルを補正するところから、さらに高度な専門論文の制作や研究発表ができるところまで、無理なくスキルアップをはかれるよう易から難へ段階的な学習プログラムを組んであります。ワーク（演習問題）に取り組むことでスキルが具体的に身につきます。半期・通年の授業、自学自習のそれぞれにこの段階構成は対応可能です。
②世界標準にたえる論文制作、発表ができるよう学習内容・学習方法ともに工夫を加えました。例えば、日本語表現においても、パラグラフライティングやアウトラインプロセッシングの方法を重視し、文章の論理構造を自覚的に操作できるようにしてあります。
③受け手の反応を「検証＝フィードバック」することで表現力は向上するとの立場から、推敲過程には多様なトレーニング法を提示しています。
④文章やスピーチのコンテンツをつくることにとどめず、本づくりやイベントのプロデュースまで、コミュニケーションの全過程を体験することで総合的な表現力を体得できるよう単元設定に配慮しました。
⑤デジタル技術の普及が表現にもたらす可能性をもふまえ、非言語的な要素、例えば、身振りや機材の導入、場面づくり、そしてメディアリテラシーの観点の導入を積極的に試みました。
⑥それぞれのスキルについては、様々な教育の場での実践的な検証と、教育学、言語学、日本語学、認知心理学等の理論的な裏づけを経たものを採用してあります。

日本語表現のスキルは完成したものではなく、まだ途上にあり、創意工夫の余地が残されています。本書を活用して、学習者は、さらに未解決の課題にとりくみ、これからの日本語文化の創造に寄与していかれるよう期待します。

■執筆者一覧

長沼行太郎《ながぬまこうたろう》　関東短期大学（第1部第3章、第2部第3章）

青嶋康文《あおしまやすふみ》　都立武蔵村山高等学校（第4部）

入部明子《いりべあきこ》　つくば国際大学（第6部）

向後千春《こうごちはる》　早稲田大学（第7部）

幸田国広《こうだくにひろ》　法政大学第二中・高等学校、法政大学（第2部、第5部第1章）

佐野正俊《さのまさとし》　拓殖大学外国語学部（第5部）

傍嶋恵子《そばじまけいこ》　テクニカルライター、富山大学（第3部）

豊澤弘伸《とよさわひろのぶ》　関東短期大学（第1部）

■協力（学生作品など）

東京造形大学編集デザイン教室

河﨑　雄

清水理人

第1部

基礎レッスン
ことばと情報の操作

ことばと情報の扱い方について基礎的なレッスンを行う。文章を速く正確に書き写すこと、話を正確に聴き取ること、ことがらをことばに変えること、文章を要約すること、これら身近なワークを通して、改めてあなたの基礎的な表現力を診断し、弱いところを補正しておこう。ことばを使いこなすレッスンから始めて、ことば以外の情報を扱う方法へと進めていく。

第1章　ことばに変える

Step ❶ 声を文字に変える

表現のレッスンを始めるにあたり、自分の表現の実態を把握しよう。表現するということは、ことば以外のものをことばにしたり、他人のことばを自分のことばにしたりすることでもある。ここでは「書く」ことに限定してその基礎といえる「書き写す」「書き取る」行為（視写・聴写ともいう。下段「レッスンのポイント」を参照）について確かめておこう。

●視写をしてみよう

◆例題　次に挙げる文章を読み、二分以内でノートに書き写してみよう。

> 昔々のお話です。ある山里の村に、正直で人のよいおじいさんとやさしい働きもののおばあさんが仲睦まじく暮らしていました。ある日の夕暮れのこと、おじいさんは川に沿った道をたくさんの柴を背負って猟師さんの家に向かって急いでいました。

❗ レッスンのポイント

一、視写・聴写の留意点

①視写は、速く、正確に書く。誤字、脱字に気をつけ、句読点も正しく書き写す。聴写では、意味のまとまりで聞き取り、書き取っていく。速く書き取ることが重要で文字は読めればよい。

②書き写す（書き取る）範囲は、文節ごとから読点や文ごとへと、その範囲を徐々に広げていく。

③写した文章はもとの文章や他人のものと比較し、どこがどう違っているかを確認する。その際、間違いは、消しゴムを使わず、棒線を引いてそのかたわらに訂正し、原因を考えてみる。それによって自分の表記や表現の特徴が把握できることがある。

④聴写の場合、誰かに読んでもらうとよい。読

写し終えたら、本書と見比べてみよう。書き誤りはないだろうか。一度にどれくらいの量を書き写していただろうか。

文章を見てただ書き写すこと（視写）は一見すると単純な作業のように思われる。しかし、正確に書き写すためには、その文章を正しく把握していることが必要で、主観をまじえずに客観的に観察することが求められるのである。写し間違いの部分は、文章理解の程度を確かめる材料にもなる。

●聴写をしてみよう

次に、聴いた内容を書き取ってみよう。

私たちの書く行為の中で、聴いたことを書き取るということは実に多い。声を文字に変えるこの作業は、メモを取ったり、講義のノートを取ったりする作業の基本といえる。

◆例題　次に挙げる文章を音読してもらい、それを書き取ってみよう。

> このほど、国や航空各社は重い手荷物を自宅で宅配に出して、手ぶらで海外旅行に出かけ目的地の空港で荷物を受け取る航空荷物の管理方法を導入するため、実験を始めることになりました。十二月からシステムの実証実験を行い、五年以内の実用化をめざすとのことです。

み方は、一段落程度を〈普通の速さ→ゆっくり→普通の速さ〉と三回繰り返すようにする。

⑤同音異義語や不明なところは、文脈から判断し、辞書で表記や意味を確認する。

> ◆聴写にはテレビやラジオを録画・録音したものを使うのも有効である。ここでは、テレビ局のインターネット上のＷｅｂサイトを利用した聴写の方法を紹介しよう。
>
> ①検索エンジンなどでテレビ局のＷｅｂサイトを開く。
>
> ②「報道・ニュース」のページに進んで、適当なニュースを選択する。
>
> ③クリックしてビデオを再生し、ニュースを聴写する。ページにはニュースの原稿が書いてあるが、それは見ないようにする。
>
> ④何度か聴いて文章を完成させたら、書かれている文章と比較する。
>
> ⑤再度聴いて、うまく書き取れなかった箇所を確認する。
>
> （次章Ｓｔｅｐ１、２を参照）

Step ❷ 絵をことばに変える

ここでは、絵をことばに変えるレッスンをする。Ｓｔｅｐ１では声を文字に変えると題して、他人のことばを自分のことばに変えるレッスンをした。しかし、実際の場面では、伝える内容はことばに表されたものとは限らない。ここでは、ことば以外のものをことばに変えながら、ことばによる表現の方法と難しさについて学ぶことにしよう。

●絵をことばに変える

◆例題一　次の絵をことばで説明し、説明する文章を書いたら、絵を見ていない人に見せて再現してもらおう。

(1)

(2)

(3)

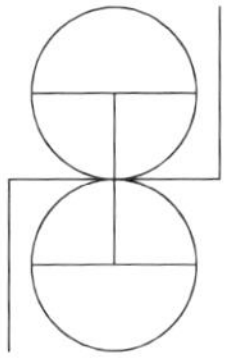

説明はうまくできただろうか。また、絵は元の通りに再現されたであろうか。絵をことば化することは、意外に難しいことである。ことばによる表現の難しさ・限界を理解しておこう。

レッスンのポイント

一、絵をことばに変えるには

①相手の知識・情報・関心に応じた説明の仕方を工夫する。相手がどの程度知っているかは大事なポイントになる。

②説明の流れを工夫し、順序よく頭に入っていくようにする。全体から細部へ、が基本。まず聞き手に大ざっぱなイメージをつくらせ、徐々に詳しい説明に入る。

③図形や形状などを伝える場合は、相手に合わせた比喩を使うと効果的である。

二、空間をことばに変えるには

部屋の間取りなどの空間を説明する場合には少なくとも次の二点が大事なポイントとなる。

①基準になるものを定める（東西南北の方位の設定）。

②説明がどこからなされているかを述べる（視点の設定）。

これらのポイントに従って上の文章を直して

●空間をことばに変える

ここでは部屋の間取りを例にして、空間の表現を考えてみよう。

◆例題二　次の文章は、部屋の様子を伝えている。これからイメージされる間取りを描いてみよう。

部屋は、カーテンのついた出窓がある縦に長い洋間です。窓の脇に机といすが置かれていて、机の上にはパソコンがのっています。ベッドはその後ろ、部屋の角にあり、ベッドと並ぶような形で本棚があります。窓の反対側に愛用のキーボードが置かれ、その並びに両開きのクローゼットがついています。ドアは引き戸でベッドと机の間にあります。

図が描けたら次ページ下段のイラストと比べてみよう。うまく間取り図を描くことができているだろうか。——右の文章から正解を再現することは難しい。いったいどこが悪いのだろうか。

この文章では窓を基準に位置を説明しているが、窓そのものがどこにあるのか明確に定められていない。そのため、それぞれの位置があいまいになっている。「部屋の角」「並ぶような形」「反対側」などの表現もこれだけでは幾通りかの解釈ができ、混乱のもととなる。

空間を説明する際には、あいまいでない、明確な位置の表現が求められていることが分かる。

みよう。

★部屋の真上から全体を見下ろすように

「天井から見下ろすと、部屋は、南北に長い洋間です。北側壁には、西寄りにクローゼットがあり、東寄りにキーボードが置かれています。東側は中央から北寄りに出窓があり、その南にパソコンがのった机といすがあります。その向かいになる西側壁には、南寄りにベッドが壁ぴったりに南北に置かれています……」

★ドアから部屋に入っていくように

「部屋は縦長で、手前中央の引き戸を開けて入るとすぐ右手に机といすが置かれ、その反対側つまりドア左手には頭を手前にして壁に付く形でベッドが置かれています。右手奥机の先にはカーテンの掛かった出窓が、また左手奥、ベッドの先には本棚があり、ほどなく正面の壁です。正面、左半分はクローゼットになっていて、右半分にはキーボードが置かれています」

■演習問題

自分の部屋の間取りをことばで説明してみよう。

●地図をことばに変える

◆例題　次に挙げる地図を参考に、地下鉄門前仲町駅を出発し、深川不動尊、富岡八幡宮に参詣し、三目通りを通って深川江戸資料館を経て清澄庭園まで行く道のりを案内してみよう。

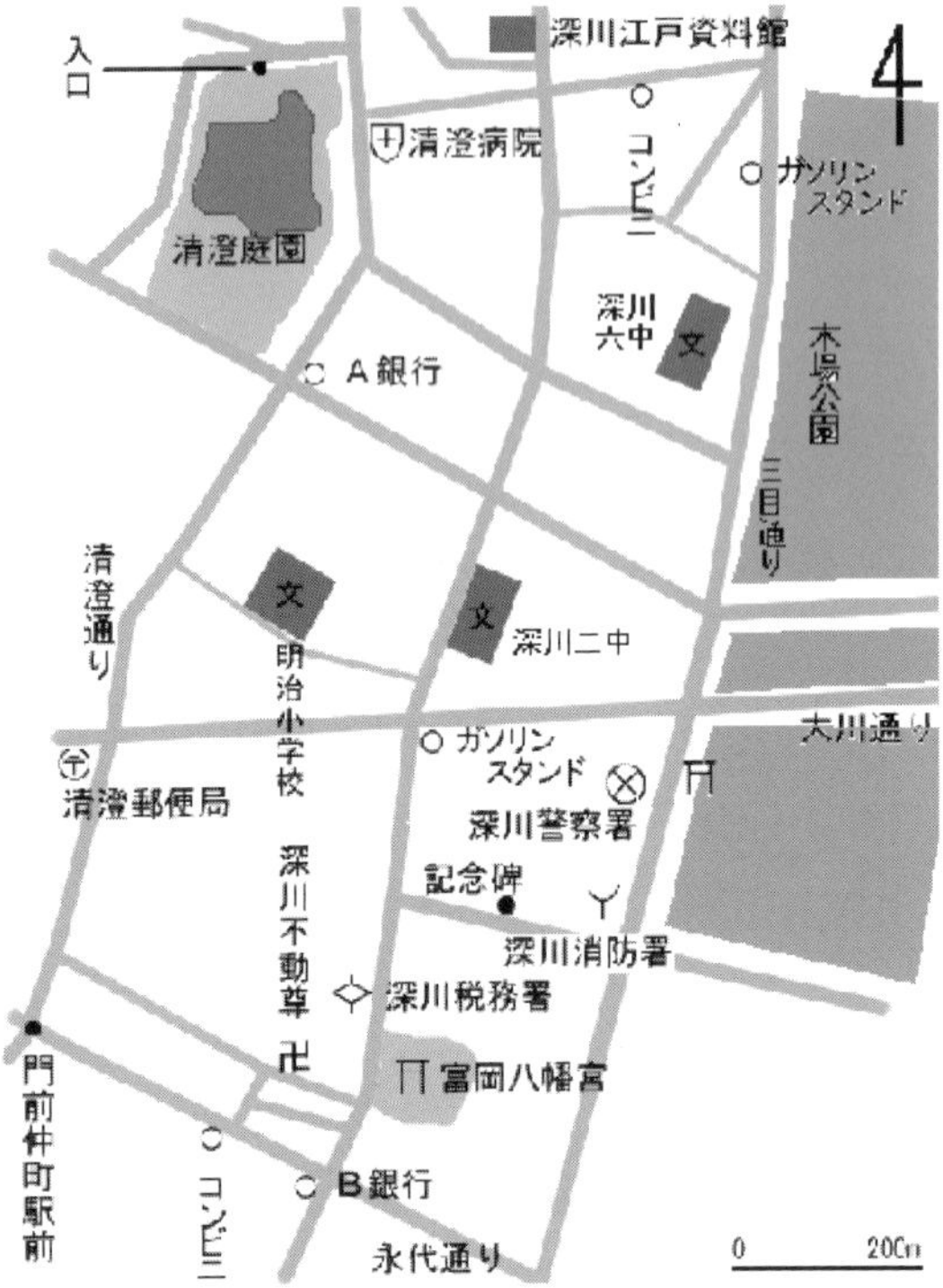

【前ページ例題二の部屋の間取り図】

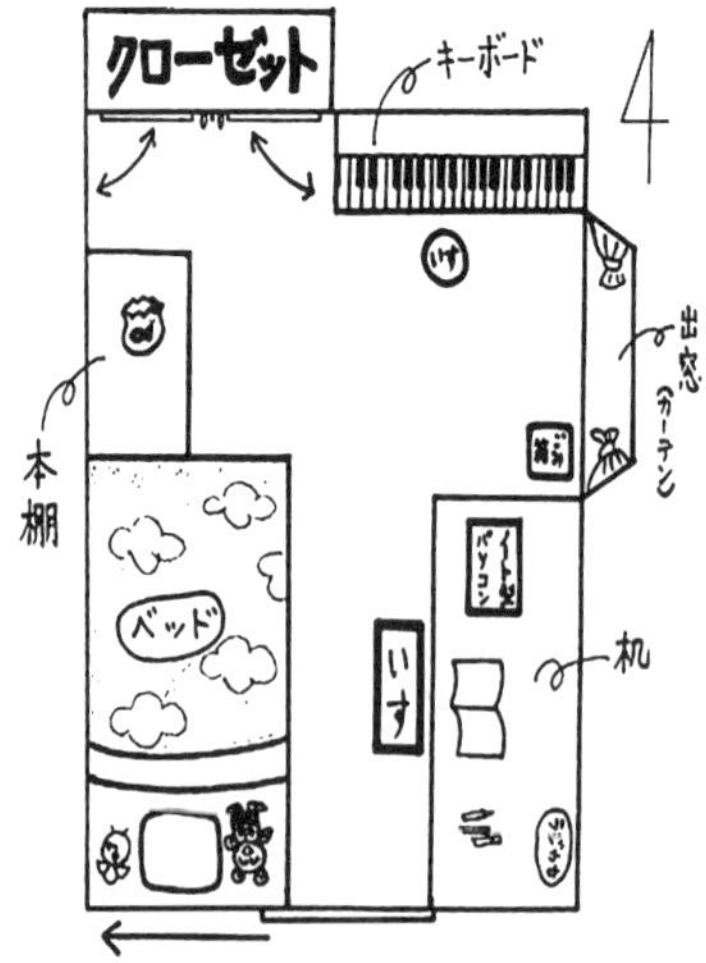

三、地図をことばに変えるには

道案内をするということは、ことばで空間と時間を説明することに他ならない。ところが、ことばは一度に（同時に）二つ以上のことを言い表すことはできない。ゆえに時間的順序性にしたがい、一直線上に一つ一つ並べていかなければならない。これを「言語の線条性」という。言語の基本的な性質の一つで、ことばによる表現はこの性質に大きく影響されることになる。

ことばで道順を説明することは難しい。地図では一目瞭然のことでも、電話口で説明したり、いざ文章に書いたりするとなかなか大変である。たいてい、目的地に向かって道順を実況中継するような説明になったり、頭の中の白地図に線を入れさせていくようなものになったりする。つまり、現在地と目的地の位置関係や距離関係について、地図であれば一枚の紙に書かれた情報として一瞬にして表すことができるのに、ことばでは必ず何らかの順序をもって表現しなければならないということだ。

これは、私たちの頭の中で同時にとらえられたり考えられたりしていることがらであっても、口に出すときには分離して時間的・空間的前後関係のもとで並べ直さなければならないという、ことばの根本的な性質と関係がある。ことばにこのような性質がある以上、先の間取りの説明同様、道順の説明も宿命的に困難を伴うものといえる。

しかし、その一方で、地図には表すことのできない、道筋の昔の風景や目的地の様子を前もって伝えることも可能である。

このように、ことばによる表現とは、この時間的順序性に拘束されながらも、かえってそれが多様な表現を可能にしたり、様々な工夫（接続語やレトリックなど）によったりしているということがいえる。

道案内の場合も、「つぎに」「まもなく」「それから」などの接続語や「それ」「その」「そこ」などの指示語を使って工夫することが必要になる。

そのため、地図では伝えにくい、街並みの様子や過去の様子などを表現することもできるのである。地図と音声によって道案内を行うカーナビゲーションなどはこの点をうまく利用したものといえよう。

■演習問題

ことばのうえで時間の差や空間的な違いを表している例を探してみよう。

第2章　情報を要約する

この章では大切なことを書き取っていくレッスンをする。まず、メモとノートを取り上げよう。

Step ❶ メモとノート

●メモを取る

メモとは、忘れないように要点を書きとめておくこと（その書いたもの）をさす（本章Ｓｔｅｐ３を参照）。私たちは、身のまわりのさまざまな情報から、自分にとって必要と思われるものを取捨選択し、収集・整理・記録しているが、メモは、いずれの段階でも必要とされる基本技術である。

一口にメモといっても、目的によってさまざまあり（下段「レッスンのポイント」を参照）、使い分けていくことが肝要である。例えば、電話などで話の内容を聞き取り、とりあえず記録する場合は、多少整理されていなくとも、用件を表す語句が書かれてあればよい。一方、伝言・連絡用のメモであれば、相手にわかりやすいように用件が整理されている必要がある。

レッスンのポイント

一、メモのポイント

①必要なことだけ記す。備忘用であれば、記号や略語を工夫してもよい。固有名詞や数字は忘れやすいので、すばやく、正確に。
②５Ｗ１Ｈ（いつ・どこで・誰が・何を・なぜ・どのように）が分かるように書く。
③箇条書きでは、番号をつけたり、文頭の位置で関係が分かるように配列したりする。見出し・小見出しをつけるのもよい。
④日時・メモした情報源（話し手・図書・資料などの名称）・題目（件名）を記録する。
⑤筆記具・紙は、書きやすいものを用意する。

二、メモの目的と種類

備忘のため…事柄や約束、仕事の予定など
（住所録・電話帳・予定メモ）

◆例題　次に挙げる連絡をもとに、自分用の備忘のためのメモと、相手に伝達するためのメモを作成してみよう。

今度の臨地研修は、研修先の都合で一週間延期し、十九日の水曜日です。研修内容に変更はありませんが、行程が逆になりましたので、集合も門前仲町から清澄白河駅に変わります。九時半に改札口を出たところです。六キロほどの行程で、十五時に門前仲町駅解散です。当日は、四〇〇円の参観料が必要です。また、昼食も途中で各自となりますので、そのつもりで。小雨決行ですが、中止の場合は連絡網でお知らせします。

●ノートを取る

ノートを取るということは、授業の記録だけが目的ではない。講義や発表を聞いて、その理解を確認することに意味がある。授業はノート上にことば化して初めて頭の中に入るといえる。

テキストがあり、事前に予習できる場合には見出しなどを書き込んでおくと講義も聴き取りやすい。また、毎回の書式をそろえておくことによって、理解も整理しやすくなる。

記憶の偉才・南方熊楠《みなかたくまぐす》の教え、「本を五度読み返すならば代りに二度写筆せよ、そして毎日必ず日記を怠るな」（『父南方熊楠を語る』、日本エディタースクール出版部、一九八一年）は、ノートを取ることの重要性を物語っているといえよう。

理解のため…話や書物や資料の要点など
（取材メモ・要点メモ・授業のノート）

伝達のため…伝言、連絡など
（連絡メモ・掲示メモ）

表現のため…着想の記録やアウトラインの作成など
（発表メモ・構想メモ）

三、ノート作成のポイント

①ノートは二段組にし、〈板書の記録や講義の口述筆記〉と授業を受けての〈疑問点や思いつきなどのメモ〉とを分けて書く。

②必ず、日付・タイトル（板書されていなくとも、内容から付けること）を書き込む。

③番号や見出しを付けながら書いていく。（本章Ｓｔｅｐ2を参照）

④ノートの大きさや筆記用具にもこだわる。シャープペンシルもよいが、筆圧を必要としない水性ボールペンの細字もおすすめである。インクの消費が少量なのですぐ乾き、長く書け、経済的でもある。

Step 2 見出しの効用（アイデアを書き込む）

メモや授業のノートを取る際に重要なポイントとしてタイトルや見出しをあげた。

タイトルとは、本や映画などの題名であり、毎回の授業を一つの作品と見れば、そこには当然タイトルが付けられることになる（付けられないものは授業が悪い!?）。

見出しは、新聞・雑誌などで内容の要点が一目で分かるように文章の前に付けた簡潔なことばで、文章の途中である程度のまとまりごとに付けた小さなものを小見出しという。

タイトルも見出しも、その文章における主旨を凝縮して表したものであり、読み手にとっては、その一言で文章が理解できるものということになる。書く側と読む側にはこのような前提があるのだから、タイトルや見出しを付ける際にはこのことを忘れてはいけない。

説明や論説・評論などの文章では、タイトルは扱った対象や内容の要点を一言で表したものを付ける場合が多い。それに対し、文学作品や一部の論説の場合、問題の提起や主旨を暗示させることばが付けられることもある。

レッスンのポイント

一、タイトル作成の留意点

書きたいことが明確になっていれば、それがタイトルになるわけだが、書いているうちに内容に変化が生じ、タイトルもそれに合わせて変わることもある。

与えられた課題で文章を書く場合でも、タイトルまで指定されていない場合は、課題の趣旨にしたがってとりあえず書き進め、後で文章の意図に合うタイトルを付ければよい。もちろん、その場合も課題とタイトルが照応しているか忘れずに確認する。文章がそれほど課題からずれていないにもかかわらず、タイトルをはずしたばかりに正しく理解されないこともある。

二、見出し作成の留意点

見出しは本来、文章の要点を簡潔に示すものであるから、分かりやすくなければならない。該当する範囲が広く、抽象的な見出ししか付けられない場合は、範囲を狭めて小見出しを付け

●書き手の指標としての見出し

見出しは、文章の要点を凝縮したものである。その意味でトピック文と同じ働きを持つ。見出しも小見出しも、それぞれ関わる文章の前に置かれるのがふつうであるから、先に見出しを付けて文章を書いていくことは、自分の考えを筋道立てて、配置しながら表現していくことといえる。

書いた後に付ける場合でも、付けた見出しと文章の内容を照らし合わせることで、論旨をより明確にすることもできる。最終的に残すかどうかは別として、見出し・小見出しを文章作成の指標として利用することは有効といえる。

●読み手の指標としての見出し

前述のとおり、見出しの働きは内容の要点が一目で分かることである。読み手は、文章の前に付けられたこの一言によって、内容を理解したり、理解の手助けにしたりできる。見出しは、読み手にとっても理解の指標ということになるのだが、このことは、書き手の側から見れば、読み手の読解行為を誘導する要素ということにもなる。読み手に正しく主旨を伝えるための目印であるとともに、書き手の意図どおりに読み手に理解・行動させる武器でもある。

るのがよい。

小見出しは、いくつかの段落をまとめるトピック文のように置いていく。また、書きながら思いついたアイデアを見出しの形にして、とりあえず文章の中に埋め込んでおくこともできる。

要点を反映させるのが一般的であるが、場合によっては、問題提起（問いかけ）の形で示し、読者の読みをリードすることも効果的である。

いずれの場合も一文書内の見出し・小見出しは書式（スタイル）を統一し、筋が通っていることが重要である。

■演習問題

13ページ下段で紹介した、テレビ局のニュースのWebページを開いて、どのような内容のニュースにどんな見出しを付けているか観察してみよう。

Step ❸ 文章要約のトレーニング

聴写やメモ・ノートの取り方、タイトル・見出しの付け方に共通して関わることばの操作に「要約」がある。

要約とは、文章や談話などの要点をまとめて短くすることをいう。メモやノートを取るということも、受容した情報を選別し、簡潔に記録することであり、またタイトルや見出しを付けることも発信した情報を同様に選別・簡素化することであるから、まさに前提として情報の要約が行われていることになる。

本章Ｓｔｅｐ２「見出しの効用」で見たように、文章の内容が一目で分かるということは読み手にとってありがたいことであるし、そもそもそれを追求していくことが「読み」の目的である。一方で、テーマや思いつきにことばを補って一つのまとまった話にしていくことが「話す」「書く」という行為の基本である。その意味で、小論文に最も近い新聞の社説を圧縮率を変えて要約していく作業は「表現のレッスン」の基盤となる学習といえる。

●要約をしよう

◆例題　次に挙げる文章を二百字に要約しよう。

・要約文にはタイトルを付けること
・文章の構成は変えず、適当な段落を設定すること

! レッスンのポイント

一、要約の三ポイント

①序論・本論・結論といった文章の全体構造をつかむこと

文章には一定の構造がある。多くは三段構造で、はじめに話題や問題の提示があり（序論）、つぎにそれを受ける形で具体例などをもとに説明や論評がなされ（本論）、最後に最も言いたいこと（結論）が示される。

「何について書かれているか」は序論に注目、「それがどうであるか」は結論に注目。**要約は序論と結論を生かしてまとめる。**

②具体例は省き、トピック文を踏まえ論旨をとらえること（第2部第3章を参照）

文章は論旨の書かれたトピック文とそれを説明するための具体例とからなっている。具体例は理解を助けるための補助の文と考え、要約の場合は削除する。

トピック文を使う。具体例はいらない。ただ

6・3・3制の小中高の切れ目をつなぐ一貫教育が、公立校でも盛んになってきている。中高一貫校では、私立に対抗し大学受験向けの進学校をめざすところが多いが、それだけではない。芸術や体験学習に力を入れて特色を出そうとする学校も少なくない。過疎地では志願者をふやし生き残るため、中学と高校の連携を図る動きもある。義務教育の9年を4・3・2に分けようとする東京都品川区のような試みもある。構造改革特区や文部科学省の研究開発校制度を使えば、さらにいろいろな学校をつくることができるだろう。

6・3・3制は戦後まもなくつくられた学校制度の基本型だ。全国どこでも同じ水準の教育を受けられるようにするのが戦後教育の理念で、それはいまも変わらない。ほとんどの生徒が高校に進み、大学進学率も高くなった。しかし、やる気のなさや学力の低下が深刻になっている。

あまりに画一的な制度では、成績のいい子を伸ばしたり、落ちこぼれた子を丁寧に教えたりするのはむずかしい。

文科省は6・3・3制にもとづいて教育内容や教科書の大枠を定めている。新しいことをやろうとすればするほど窮屈さを感じることになる。いっそのこと、6・3・3制から離れて子どもにあった学校を自由につくりたいという自治体が増えるのは当然だろう。

し、指定された字数にしなければならないときには例を簡潔にして入れるのがよい。

③文章中の語句（体言・用言を主にして）を用い、なるべく言い換えはしないこと

要約文では簡潔な語句を使うのが大事であるが、文章にない語句によって言い換える場合は十分に注意する。理解が不十分であれば、言い換えたばかりに主旨がそれることもある。特に、体言はそのまま使うことをすすめる。長たらしい言い回しはさけたいが、語句はなるべく文章中から探そう。必ず、簡潔に言い換えている表現があるのでそれを見つけること。

語句は文章中から抜き取る。勝手に付け加えない。字数の削減のための言い換えには注意。

二、文章理解のヒント

(1)構造を把握するには

段落に注目する。とくに、冒頭部と終末部に注意し、段落相互については接続表現に着目して関係を把握する。

しかし、すべてを一貫校に変えてしまえばいいかというと、そう簡単ではない。

確かに、一貫教育の利点はある。いまは授業がわからなくても、小学、中学、高校へと押し出されるように進んでしまう。一貫校ならは、長い目で一人の子どもを教える態勢がとれる。小中高校でそれぞれ区切られている授業内容を効率的に組み合わせることもできる。中高一貫だと、高校受験を気にしなくてもいい。

一方で、難点も少なくない。同じ学校にずっといると、途中で進路を変えにくい。友人や付き合う範囲が固まってしまいがちだ。高校受験がないのは、学力をつけるのに必ずしも有利ではない。

大学進学に有利というだけで、小学校段階から一貫校が次々にできると、地域によっては学校ごとの学力差が広がりすぎる恐れもある。6・3・3制がいいか、一貫教育がいいのか。なかなか決着はつくまい。6・3・3制を基本型にして、色々なかたちの一貫校を選択肢として用意してはどうか。その中で、議論を深めていくのである。

学校の制度が複線化し、選択の幅が広がると、いったん選んでもそれが自分に合わないことが増えるだろう。そのようなときは進路を変えられることが必要だ。6・3・3制であれ、一

---

(2)トピック文を見つけるには

一般的に、一つの段落内には一つのトピック文と、それを補完したり（言い換えの場合もある）、例示したりするいくつかの文があるといわれている。これにしたがえば、一つの段落内に一つだけ論旨が記された文があることになる（第2部第3章Ｓｔｅｐ1を参照）。

このような場合、トピック文は段落の冒頭かあるいはまとめる形で最後に置かれるのがふつうである。始めと終わりに着目しよう。両方にある場合は、言い換えなので簡潔な方を選ぶ。ただし、例や説明が多い場合、真ん中に置かれるときもある。迷ったときは、具体例を削って考えよう。

(3)注意しなければならない表現は

文章の書き手は、論旨を主張するために、表現を変えて何度も同じことを繰り返し言っている。言い換えの文に注意する。言い換えられている文こそが文章全体のトピックと見ることもできる。本物を探し出すことが重要である。要約の中で言い換えを使っては意味がない。

貫校であれ、途中で乗り換えを自由にする。そうした柔軟な仕組みをつくることが望ましい。

（「朝日新聞」二〇〇三年四月三十日付朝刊、社説）

どのような要約文ができたであろうか。タイトルは主旨を反映したものになっているだろうか。段落はもとの文章の構成を反映しているだろうか。そして、何よりも正しく要点をまとめられているだろうか。

●パソコンを使った要約学習

パソコンのワープロソフトには要約機能がある。もとの文章に対する圧縮率の調整（字数やパーセント）もでき、圧縮した後の表現の形（要点をまとめて新たな文章にするか、もとの文章で要点を強調表示するか）も選ぶことができる。

新聞社のWebページから社説をダウンロード（容量が少ないのでコピーでも可能）して、ワープロソフト上で要約し、ソフトが作った要約文と自分が作った要約文を比較してみよう。

また、文章の中には、内容とは別に、書き手が話を進めるために顔を見せるところがある。接続表現などもその一つで、話の運びに関わり、文章中の文の性格（働き）を表している。「つまり」「まとめて言えば」「以上のことから」「言ってみれば」「言い換えれば」「……と結論づけられる」などの表現に注意する。

〈22、23ページ上段の要約の解答例〉

学校制度は柔軟な仕組みに

②一貫教育が公立校でも盛んになってきて、各地で取り組みが始まっている。②6・3・3制によって、全国どこでも同じ水準の教育はできるものの、個々の問題には対応できないことがその要因だ。②③一貫教育には利点もあるが、②難点も少なくない。①6・3・3制を基本型にして、色々な一貫校を選択肢として用意し、選んでも自分に合わないときは、途中で乗り換えを自由にする柔軟な仕組みをつくることが望ましい。

（傍線①〜③は、22、23ページ下段の「要約の三ポイント」の①〜③との対応を示している）

第3章　情報の探し方

膨大な情報の中から、どのようにして自分の求める情報を見つけだすか——情報探索は、私たちの知的活動のどの局面でも必要とされる。目的（何を知りたいのか）をはっきりさせ、方法（どのように入手するか）を身につければ、情報探索は興味深いものに変わる。

Step ❶ 情報を探す手順

◆例題　次の①〜④の問題が出されたとき、あなたはどんな手順で解決するだろうか。

①「目からウロコ」ということばの意味と出典（最初に使われた文献）を知りたい。
②カメラが日本に入ってくる前には、「写真」という言葉はどのような意味で使われていたかを知りたい。
③自転車はいつつくられ、日本でどのようにして使われるようになったかを調べたい。
④「コンビニの過去・現在・未来」というレポートを書きたい。

❗ レッスンのポイント

一、何を知りたいのか

なんでもインターネットから始めるのでなく、まず何を知る必要があるのか、探索範囲をしぼる。

「青少年の自殺は増えているか」という問いは、「青少年」の性別・年齢階層、地域（日本／世界？）、期間（戦後？）、自殺件数中での割合なのか絶対数なのか、をしぼらなければ、データに行きつかない。

二、最適な情報はどこにあるか

①自分の記憶や記録の中から見つける。
②求める情報が外部にある場合には、
・インターネットで探す
・図書館や書店で探す
・新聞、テレビなどのマスメディアを通じて見つける

【解説】

調べる順序は、「ことばからことがらへ」、概要から詳細へ。まず国語辞典で知りたいことがらの定義を知り、百科事典・専門事典で概要をつかみ、専門の本やインターネットのWebサイトへ入っていく。

①については、国語辞典や故事ことわざ辞典を引けば、「目」↓「目から鱗が落ちる」↓「新約聖書使徒行伝九章」と答えが出る。②については言葉の用例に詳しい『日本国語大辞典』（小学館）で。④「コンビニ」の原語のスペルは外来語辞典で。

③のようにモノの起源を調べるなら、百科事典、さらに詳しくは事物起源に関する本に当たる。過去の雑誌・新聞記事（CD-ROM版もある）から自転車に関する面白いエピソードを見つけることができる。またWebページからは、自転車専門の博物館や研究グループの専門情報を得ることができる。

④について調べる場合、過去のことについてなら、本・雑誌・各種統計、現在の動向を知るには、Webサイトや最新の専門雑誌・新聞、今後の高齢者のコンビニ利用について考察を加えたければ、利用状況調査、店員や客へのインタビューも必要になる。

なお、統計資料については、総務省統計局のWebサイト（http://www.stat.go.jp/）が手がかりになる。

・友人、知人、専門家に聞く（インタビューや研究発表会）

③求める情報がまだ発表されたり記録されたりしていない場合には、直接に観察・体験する（フィールドワーク）、実験する、アンケートをとるなどして、自身で情報をつくり出す。

三、情報に接するときの留意点

①情報の重要度・信頼度を吟味する。

問いへの解決になるか、立論を根拠づけてくれるか、その情報は信憑性があるか、を基準に情報を評価選別する。

②記録をとりながら情報と接する。

情報源を必ず記録する習慣をつけよう。

（28ページの「文献カード」を参照）。

■演習問題

「高齢化社会」と「高齢社会」との区別について調べ、それぞれの社会に日本ではいつから突入したか、根拠と情報源とを挙げて説明してみよう。

Step ❷ 情報探索の実際

1　図書館で情報を探す

書店には比較的最近の本しか置かれていない。インターネットのWebサイトには過去の資料が少ない。過去から現在までの知的集積体はなんといっても図書館である。現在図書館は、印刷物だけでなく、レコード、録音テープ、CD、マイクロフィルム、ビデオ、CD-ROM、DVDなど、多種類の情報媒体を扱う情報センターへと変貌しつつある。だから図書館を活用できるようになると知的世界が一挙にひろがる。

まず学校の図書館に入って、体をなじませてみよう。図書館に出向くメリットは、直接に資料の内容を見られること、また、辞書・事典やカタログ類を集めた参考図書室（レファレンスコーナー）を利用できることにある。開架式の書庫のある図書館なら、関係がありそうな本を短時間に何冊も検分できる。閉架書庫にある本は蔵書目録（パソコンのデータベースが主流になりつつある）で検索をして申し込む。探し方がわからないときには、遠慮なく司書に相談する。必要な情報の入手方法を教えることも司書の仕事（レファレンス・サービス）である。

❗ レッスンのポイント

●文献カードをつくる

探したい情報は正確にメモしておく。書店に行って本を注文するとき、「書名」があいまいだと注文はできない。情報を操作できるためには、まずはその情報を名指せなくてはならない。次のような文献カードをつくるとよい。これは論文等を引用するとき、文献一覧をつくるときにも役立つ。

文献カード　　分類(　　　)№(　　　)

よみがな	はるのちえ		
著訳編者	春野千恵		
タイトル	変貌するコンビニと地域社会		
掲載媒体名	PP(　　～　　)	媒体種類 ○単行本　雑誌　新聞　TV ウェブサイト　その他(　)	
発行所	S出版株式会社		
発行年月日	2003年4月25日　初版		
記事	N図書館　請求№　DH468-g729-ハ 地域社会の高齢化にふれている p223-235		
作成者		作成日	03.10.03

文献カード

●分類をたどる方法

書名がわかっている場合の情報検索は簡単だが、主題があってもそれに相当する文献の所在がわからない場合は、件名検索や図書分類で範囲をしぼりこみ、文献リストをチェックすることになる。例えば、国会図書館なら、コンビニは「チェーンストア」の件名で、分類では「673.8」の項目に入っている。

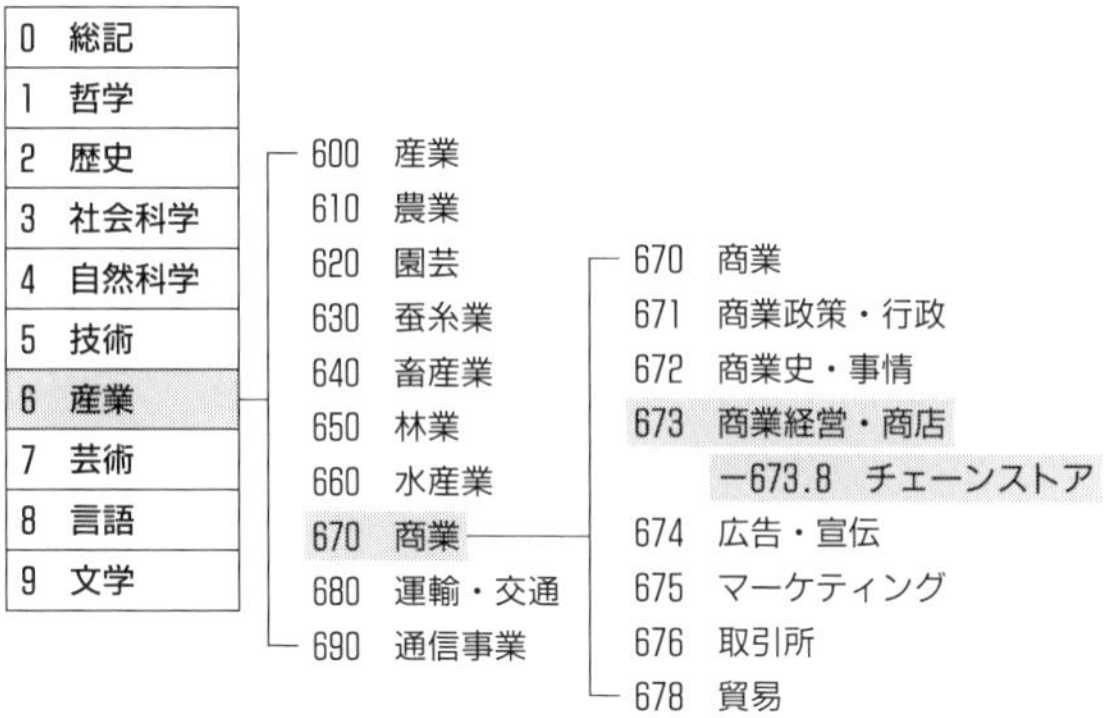

日本十進分類法（NDC）の例

・「分類」「No.」は原稿整理の際に利用、「作成者」は共同作業の場合に。

・雑誌論文の場合、「タイトル」に論文名、「掲載媒体」に雑誌名・巻・号と掲載ページ。

・単行本でも、ある箇所のみの文献カードは、次のように区別して記す。

タイトル…第4章　高齢者のコンビニ利用
（事例調査から）

掲載媒体…変貌するコンビニと地域社会
pp（223～235）

・掲載ページを入れておくと文献コピーの依頼に便利である。

■演習問題

①身近にある本の奥付《おくづけ》から文献カードを作成してみよう。

②何人かで図書館の開架書庫に行き、任意の本の文献カードを作成する。他の人がそのカードをもとに現物の本を探し当てられるか、試してみよう。

2　インターネットで本を探す

直接出向かなくても、インターネットなどで、文献検索やコピーの配送サービスをしている図書館・各種文庫がある。それぞれの利用条件を知って、事前に入手すべき情報の範囲をしぼり、入手方法を検討しておくと効率がよい。

日本図書館協会の「図書館リンク集」(http://www.jla.or.jp/link/)などで身近な図書館を知ることができる。海外の図書館情報もある。

図書館の資料は受け入れ装備の作業に時間がかかるので、新刊の文献を入手したい場合は次の②③を参考にしよう。

①現在では入手できない文献も含めて蔵書や雑誌記事を探すには、日本最大の蔵書数を誇る国立国会図書館のＷｅｂページ「ＮＤＬ‐ＯＰＡＣ」(国立国会図書館蔵書検索・申込システム)で。(http://opac.ndl.go.jp/)

②国内で発行された現在入手可能な本(前月までの既刊分)は日本書籍出版協会のＷｅｂページ「Books.or.jp」で。(http://www.books.or.jp/)

③最新刊・近刊も含めての検索・購入は大型書店や各出版社の

レッスンのポイント

学生が文献を探す場合、ＮＤＬ‐ＯＰＡＣで文献の存在を知り、自分の大学図書館でその所在を確かめるのが普通だろう。

ＮＤＬ‐ＯＰＡＣでは、同館所蔵の図書(和図書・洋図書)、雑誌新聞、電子資料、和古書・漢籍、博士論文などが検索できる。文献のコピーの郵送を申し込むこともできる。江戸時代以前に刊行・書写された和古書を検索する場合には、国会図書館以外の蔵書も含む、冊子体の『国書総目録』『古典籍総合目録』(いずれも岩波書店刊)が必要になる。

●情報カードの工夫

28ページ下段の文献カードは、Ｗｅｂページその他の情報の記録の場合にも応用できる。

・著訳編者→発信者(情報を発した人物・グループ・組織)
・タイトル→Ｗｅｂページのタイトル(見出

Webページ（検索サービス、広告）で。
④日本語・外国語の電子テキストを無料でダウンロードするにはボランティア運営の電子図書館で。
・「青空文庫」（http://www.aozora.gr.jp/）
・「Project Gutenberg」（http://promo.net/pg/）

3　Webサイトで情報を探す

インターネットでは、国内・国外のオンラインの情報が得られる。Webサイトの検索には、本を調べるときに「目次」や「索引」を利用したように、分類をたどったり、キーワードから引いたりできる検索エンジンというソフトがある。よく使う検索エンジンはその特徴をつかんで、効率のよい検索のしかたに習熟しよう。

ただ、多数の人の手間とチェックを経てできあがる本と違って、インターネットのWebページは誰でも簡単に作成・発信できる。そのため、情報の信頼度を吟味・分析する態度や技能を養っておくことが必要になる。一般に、個人でつくるサイトよりも公共機関・団体の作成・運営するサイトが、責任の所在、存続性の点で信頼度が高いとされる。

し）
・掲載媒体→Webサイト名
・発行所→URL
・発行年月日→更新日時（不明の場合はダウンロードの日時）

■演習問題

①第2部「アカデミックライティング」の課題にあげられている論題の一つを選び、身近な図書館の蔵書の中で参考になりそうな文献のリストをつくってみよう。また同様にインターネットの中で有用なページをリストアップし、内容についての簡単な解説（メモ）を書いてみよう。

②これまでに作成した文献カード・情報カードをもとに、パソコンで情報データベースをつくり、著者名五十音順、発行年月日順など並べ替えをしてみよう（年号の表記統一などに工夫が必要）。

4　情報源のリンク集をつくる

インターネットには、情報源となる本、辞書・事典類、統計、地図、年表、写真、映画、音楽などのデータベースを提供しているサイトがある。よく使いそうなものについては、自分のリンク集に登録してフォルダに整理しておくとよい。このリンク集が、あなたの情報行動（脳）を拡張する手段になる。USBメモリなどの外部記憶媒体に保存して持ち歩けば、インターネットにつながったパソコンのあるところならどこでも、自分用の探索ツールをつかった情報行動が可能になる。

これは、インターネットの情報の海の中で、自己の関心を見失わないためにも有効である。

5　インタビューによる取材

情報探索には、本やインターネットを利用する方法以外にも、直接に、情報を持っている人に尋ねる「インタビュー」、多数の人の意見などを調査する「アンケート」、情報の現場に出かける「フィールドワーク」、仮説を検証したり傾向・法則を発見したりするための「実験」などがある。これらの方法は、情報獲得に手間がかかるけれども、オリジナルな情報という点で価値が高い。

レッスンのポイント

●世界規模のリンク集

個人用につくったリンク集が、Web上に公開されて、他の人にも役立っている本格的な例を紹介する。

◆「アリアドネ　Resources for Arts & Humanities　人文リソース集」
(http://ariadne.jp/)

二木麻理さんという個人がつくったもの。人文科学の分野の知識が世界規模にまで広がっていて、自分用のリンク集をつくりたいと思う人にも参考になる。教科学習に登場する古典作品や有名な論文を電子テキストで実際に見てみたいというような場合、人文系の分野であれば、国内に限らず、探索可能である。

やはり個人で作成・運営する、より包括的なリンク集が、

◆「野口悠紀雄 Online　インターネット情報源完全版」

例えば、あなたが関心のある進路について、実際にその分野で活躍している人に話を聞くことにしよう。

インタビューによる取材は、相手のことばで生々しい体験を聞けるなど、文献による取材では得られない利点がある。しかし、それだけに相手の協力に頼る面が大きいので、誠意と感謝をもって臨みたい。注意することは次の点である。

①調査の目的と用途を相手にはっきりと説明して、依頼する。
②時間と場所について予約（アポイント）をとり、約束を厳守する。
③相手に対して十分な予備知識をもち、質問項目を整理したメモ・シートを用意しておく。
④相手が答えやすいように、質問のしかたや聞き方・うなずきかたを工夫する。
⑤大事な固有名詞や数字は、その場でメモをし、曖昧なら相手に確認する。意見を聞く場合は、相手の主張とその根拠としてあげる理由・事実を区別しながら聞く。
⑥カメラやレコーダーを使用する場合は相手の許可を得る。
⑦調査が終わったら礼状を出し、結果の報告をする。

インタビューの技術は、日常の会話のなかでもきたえることができる。ふだんから「聞き方の技術」を意識するようにしよう。

（http://www.noguchi.co.jp/newDB/member/）

官公庁の資料や日本・外国の大学・新聞へのアクセスから、冠婚葬祭のマナーを知りたいとき、旅行の計画を立てたいときに至るまで、有益サイトが、体系的に分類され、各サイトは、観光ガイドブックに似た「★」の数で格付け評価をされ、簡単な解説つきで載っている。

Ｗｅｂの世界は拡張を続けているので、通常の検索エンジンでは、ヒット数が膨大すぎて役に立たないという逆説的な事態が起きている。それをおぎなう方法として、このようなサイト紹介のガイドや、ユーザー個人がつくるリンク集が意味をもってくる。

■演習問題

「世界規模のリンク集」を参考に、あなた自身の情報源リンク集をつくろう。簡単な解説をつけ、それを友人のつくったものと見くらべてみよう。

表現の探求

ことば化の学習

◆見出し

視写・聴写といえば、何やら小学生の勉強という感があるが、実は達人になるための学習法でもあった。志賀直哉の文章が、小説家を志望する多くの者たちの手本になり、視写されていたことはよく知られた話で、作家の丹羽文雄などは、

私は小説を書きはじめた頃、志賀直哉の小説を原稿紙に書きうつしたことがある。十遍よむよりは、一度書きうつすことの方が、ためになる。何かがのみこめる。行を改める呼吸や、会話にする呼吸が、彫刻を撫でて、凹凸が理解できるように判るものである。初心者には是非一度この方法を奨めたい。

（『小説作法』、筑摩現代文学大系、一九七七年）

と、その効果を説いている。有名無名、成功不成功を問わなければ、「神様」の文章によって、小説の息づかいというものを学んだ者は無数といえよう。

新聞一面の小コラムを書き写すことも小論文学習の方法としてよく知られているが、丹羽の例に通じるものといえるかもしれない。

近代日本を代表する教育者芦田恵之助も、筆写を「精読の方便」と考え、自ら実践した一人だが、その理由を「作者と殆ど相似た心的状態になって文を考えるから」（『第二読み方教授』、芦田書店、一九二五年）と述べている。教える先生にとっても視写は有効だったのだ。

丹羽にせよ芦田にせよ、そこでなされていることは「書く」という行為を通した理解であり、「追試」による検証にほかならない。対象を書くことによって理解する。読んだり聴いたりということも理解の方法であるが、書くことはそれらをさらに確実にする。先人たちは我々にそう教えているのだ。

そして今、もう一つこの行為に新たな目的を加えよう。

それは、自らの「書く」という活動の検証である。普段自分がどのようにことばを使っているかを確かめることのすすめである。

我々は、日常、あまりにも自然にことばを使っているために見落としていることが数多くある。その実態をあえて非日常的な条件の下で確認してみよう。それによって、ことば自体の特性や自分のことばの課題が浮かび上がってくるはずである。身近ゆえに気づかなかったことの中に重要な課題が隠されているといえるのだ。

「表現のレッスン」のスタートとして「ことば化」の学習を位置づけることの意義はここにある。まず、ことばを意識することから表現の学習を開始しようというのである。

同時にこのことは、大学におけるすべての学習に関与する。大学の授業において、最も一般的な形態は講義である。講義とはする側の言い方であって、受ける側に立てば聴講である。そして、それが知の体系を獲得することを目的とするものである以上、ただ聞き流してよいものではない。まさに、それは聴写そのものにほかならない。

そして、知識は蓄積されなければならない。19ページで紹介した、我が国博物学の最高峰、南方熊楠は幼少の頃からすべて写筆と日記をつけることによって記憶力を養ったといわれ「記憶力というものは年数が経てばあいまいなものになる、そのとき日記を見れば正しいことがわかる」（前掲）といって日記を書くことの大切さを説いている。ウオーキングディクショナリーと呼ばれた彼の超人的記憶力もまた、筆写やメモによって養われたものなのだ。熊楠の日記こそが、授業における「ノート」であり「メモ」なのである。

自らのことばの確認は、そのまま自らの学習の確認でもある。「聴写」によって得られる内容を、的確に「要約」し、「見出し」をつけて整理した「メモ・ノート」こそが、聴講の証であり、求めようとする知の体系の一部になっていく。メモによって書き込まれたことばが知となり、それを支えていく書く力が学習力となる。これらによってさらなる「学び」は可能になっていくのだ。コピー（複写）によって、手軽に他人の「知」を手に入れたところで、学びは形成されない。

情報通信技術の進んだ今こそ、ことばにすること（ことば化）の意味をとらえなおすことが必要なのではないだろうか。

第2部

アカデミック ライティング

正確な表現

レポート（報告書）、論文を書く上で必要となる「論理的な文章」の書き方についてのレッスンを行う。テーマの見つけ方から、「言いたいこと」を筋道立てて述べるための方法まで、様々なスキルを身につけていく。調査・研究した内容が客観的にかつ正確に伝わる文章力を自分のものにしよう。また、ここではレポートや卒業論文のスタイルや、執筆のためのスケジュールなども紹介した。

第1章　ウオーミング アップ――何を書くか

第2部では論理的な文章を書くための基礎を学ぼう。小論文やレポート・論文などは大学生活ではもちろん必須だし、広い意味での伝達型の文章能力は今、社会生活においてもますます求められている。もっともそのような必要性は十分実感していても、苦手意識を持っていてどう書いていてよいかわからないという諸君も多いことだろう。

まずは、肩の力を抜いて、ウオーミングアップから始めよう。いきなり長い文章を書く必要はない。第1章では具体的に小論文を取り上げる。論理的な文章とはどのようなものか、どのように書けばよいのかを徐々に理解していこう。

Step ❶ 頭の中を取材する

小論文は、自分の考えや意見を論理的に述べた文章である。つまり、問いに対する明解な答えと、その答えを他者に納得させる論証によって構成されたものである。だから、自分の考えや意見を述べるといっても決して感情や思いを書くのではない。あくまでも説得のための文章なのである。

したがって、小論文は明確なゴールを見定めてから、書くよう

❗ レッスンのポイント

一、小論文・レポート・論文

本章では次のような場面における文章を想定している。

①小論文

・学期末試験や提出課題における論述問題（例えば、「生命倫理に関して、具体的事例をあげ、あなたの意見を述べよ」）

・新聞や雑誌などへの投書・行政や団体に対する意見書など

②レポート

・学期末の提出課題・教育実習などの活動報告書・各種調査報告書など

③論文

・ゼミの課題論文・卒業論文など

二、マッピングについて

マップとは、次ページ上段の例のように、中

にしよう。そのためには文章を書き始める前に、与えられたテーマについてよく考えることが必要になる。そのための方法として、まずはマップを使って拡散的な思考のメモを実践してみよう。ただ頭の中で漠然と考えているのではなく、「思考」を紙の上に取り出し、紙の上で実際に考えるのだ。

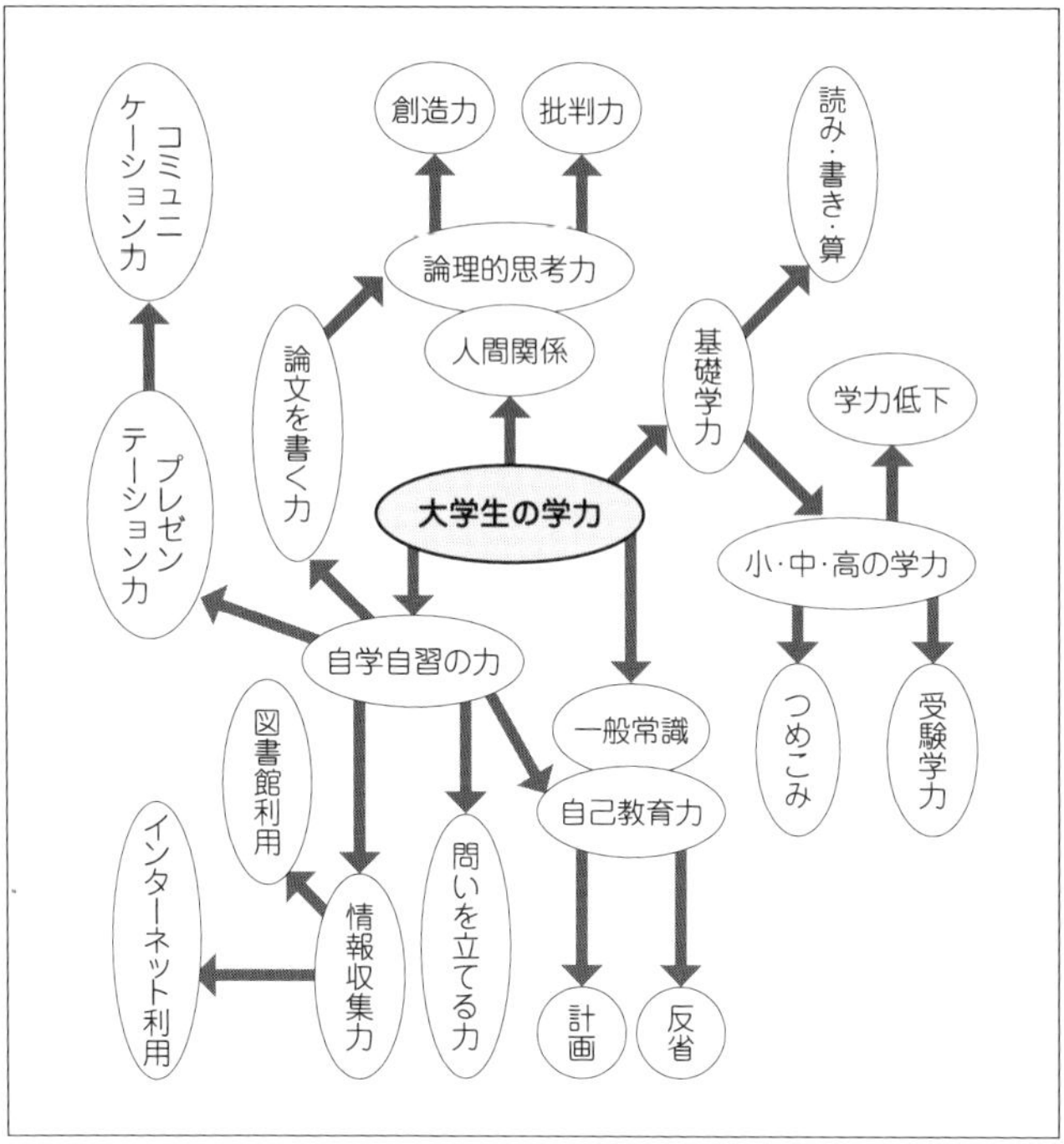

マッピング例「大学生の学力」

心にある語句をおき、そこから発想される言葉を網目状にメモしながらつなげていく思考の「地図」のことである。とにかく、思いつくことを紙の上に取りだし、連想によってマップを広げていこう。できるだけ短い時間で集中しておこなうことが重要である。その際できるだけ単語で書くようにしよう。

三、主題文（収束的思考）

マップが完成したら、今度はその中から小論文の主題、つまり言いたいことの中心を選択し、それを短文にまとめてみよう。この主題文が小論文の核になり、羅針盤となる。例えば上のマップ例から「小中高で身につけた基礎学力を土台としつつも、自己教育力を柱とした学力観を構築することが大学生には必要だ」という主題文ができる。

■演習問題

次に挙げる小論文の課題について、それぞれマッピングを行い、主題文を作ってみよう。
①やさしさ ②少子高齢化社会 ③クローン技術 ④Jポップ ⑤ファッション

Step ❷ 問いの立て方

Step1で、マップから主題文を作るときに、実はその過程で問いを立てる作業が潜在していたはずであった。

「小・中・高で身につけた基礎学力を土台としつつも、自己教育力を柱とした学力観を構築することが大学生には必要だ」

という主題文は、マップにあらわれた材料から、実は思考の過程で「大学生に必要な学力とは何か」「大学生の学力実態はどうなっているか」「なぜ大学生の学力が問題になるのか」といったいくつかの問いを立て、それに答えることで生まれたものである。

意見を述べるということは、ある問いに対する答えとして表出される行為である。つまり、意見の質や角度は「問い」に左右される。浅い問いからは平凡な意見しか生まれない。逆に、深く問うことができれば、重みのある意見提示が可能となる。

苅谷剛彦氏は『知的複眼思考法』で、よりよく考えるための問いの立て方を紹介している。漠然とした疑問を明確な問いの形につくりかえることで、より複雑で深みのある思考が可能になるという。そうした問いの形には様々な種類がある。

●実態を問う（〜はどうなっているのか）

例えば、刈谷氏は中学生の通塾を問題にする場合を取り上げる。「中学生の通塾の実態はどうなっているのか」と問う。これは実

❗ レッスンのポイント

一、さまざまな問いの形

・「〜は本当か」（真偽を問う）
　大学生の学力低下は本当に起きているのか。
・「〜とは何か」（定義・本質を問う）
　大学生に必要な「学力」とは何か。
・「〜はどうなっているのか」（実態を問う）
　大学生の学力実態はどうなっているのか。
・「なぜ〜か」（原因を問う）
　大学生の学力低下が問題となるのはなぜか。
　大学生の学力低下の原因は何か。
・「だれが〜か」（主体を問う）
　誰が大学生の学力低下を主張しているのか。
・「いつから（どこから）」（起点を問う）

際に調査を行い、事実を確認する必要がある場合には意味のある問いである。ただし、こうした問いの中には少し調べればすぐに分かるものも含まれ、さらに深く問うには難しい場合がある。

●原因を問う（なぜ〜か）

この問い方は、正解探しの発想ではなかなか答えが得られない問いの形である。原因を考えてみることは、「〜はどうなっているのか」という実態を問題にする以上に深く考えることにつながる。

「なぜ中学生の通塾は増えているのか」
←「なぜなら、受験競争が激しくなったからだ」
←「本当に受験競争は激しくなっているのか」
←「受験競争が激しくなるとはどういうことか」
←「受験競争が激しくなるとなぜ塾に行く中学生が増えるのか」

このように、「なぜ」の連鎖を発見していくことで、多様な角度からアプローチが可能となり、常識的な発想ではない新しい視点からの問題提起ができるようになる。

大学生の学力低下が言われはじめたのはいつからか。

こうしたさまざまな問い方を組み合わせ、交差させながら、オリジナルな視点を導きだすようにしてみよう。

■演習問題

次の論題について、それぞれ複数の問いを立てる練習をしてみよう。

①eメール
②異文化理解
③不登校
④ヒト・ゲノム解析と倫理
⑤介護保険法

Step ❸ 根拠に支えられた意見提示

Ｓｔｅｐ１で小論文は、問いに対する答えと、その論証からなる、と説明した。その中でも、最も重要なのは論証の確かさであり、ここが評価の分かれ目である。

つまり、意見そのものの個性というよりも、むしろ意見は平凡であってもなぜそういえるのか、その考え・結論の妥当性を説得的に論じられるかどうかに小論文の命があるのだ。意見には、なぜそういえるのかという明確な根拠が必要なのである。

では、そのための基礎トレーニングを行ってみよう。

ここでも、まだ長い文章を書く必要はない。しばらくメモ程度のウオーミングアップを続けよう。

◆例題　次の論題について、あなたの意見とその根拠を、それぞれ短文で言い直してみよう。

論題　原子力発電の是非

意見　原子力発電は容認できない。

根拠　なぜなら、原発は安全性を謳《うた》いながらも、これまでに

レッスンのポイント

一、意見を支える根拠

小論文では、問いに対して、明確な答えが求められている。多くの場合、上段の例のようにその問い自体解決が難しく、一つの正解を出しにくいものである。

しかし、だからと言って、「どちらともいえない」とか「なかなか難しく自分にはこれという考えはない」などは、たとえそう思ったとしても書いてはならない。自分の意見を明示する、これが小論文の大前提だ。その上で意見の根拠が、論の良し悪しを左右する。

また、根拠は意見を十分に支えるものでなければならない。

例えば、意見と根拠が同じことの反復になっていたら、意見を支える根拠とはならない。さらには、形式的に「なぜなら……」と示したとしても本来は根拠として述べたことの裏付けがなければ、説得力を持たない。ただしここでは、自分の頭の中にある材料の範囲で述べてみ

幾度も事故や故障が起き、また廃棄物処理の方法の開発も見通しが立たないまま、特に周辺住民の生活を脅《おびや》かしているからである。省エネや代替エネルギー利用などに検討の主軸を移すべきである。

これには当然、反対の立場の意見が存在しうる。

意見　原子力発電は必要である。

根拠　なぜなら、資源の少ない日本では、実際問題として原子力に頼らざるをえないからである。他のエネルギー供給とのバランスを考慮し、安全性を高めるとともに、廃棄物処理の方法を開発することに全力を傾注することこそ現実的かつ緊急の課題である。

これらのように根拠を述べる際には、「なぜなら……からだ」のように読み手がはっきりと理解できるように明示しよう。

調査や情報収集をふまえたレポートや論文では、さらに根拠として述べたことの裏付けとなる事実やデータを示す必要があることとする。

二、根拠の裏付け

上の例題では、前者の場合、原発事故の件数や事例を示したり、後者の場合も、エネルギー消費量や他のエネルギー供給の実態を示したりすることによって、説得力が増すことになる。

■演習問題

次の論題について、それぞれ問題提起できるような疑問文を作り、それに対する意見と根拠を短文で書き表してみよう。

①脳死について
②インターネットについて
③ワイドショー番組について
④多国籍企業について
⑤捕鯨漁について

第2章　論理力トレーニング

Step ❶ 紙上ディベート

それでは、ここでもう少しだけ実践的なトレーニングをしてみよう。とはいえ、まだまとまった文章を書くわけではない。例によって、短文のメモをいくつかつくるだけだ。ここで行うのは、反論を想定した意見提示の練習である。

そもそも意見を述べたり、何事かを主張したりという行為は、自分とは異なる意見や状況があるからこそ、その動機が生まれるものである。そうした差異の文脈を論の中に取り入れ、論証の柱におくことは、一層説得力を増すだろう。つまり、異論や反論を想定することによってより隙《すき》がない文章になるということだ。

そこで、見えない論敵を思い浮かべながら、紙の上でディベートを行ってみよう。

◆例題　次の論題について、「立論―反論―主張」の三点セットメモを作成しよう。

論題　夫婦別姓は是か非か

レッスンのポイント

一、紙上ディベート三点セットメモ

ここでは次のように考える。

立論…論題に対する基本的な意見
反論…立論に対して予想される反対意見
主張…反論について論証し、それを含んだ最終的な意見

もちろん、立論と主張が別の立場になっては困る。また、最後の主張が、論題に対して是か非かよくわからない、曖昧なものであってもいけない。

二、論理的文章の条件

論理的な文章は、内容に一貫性がなければならず、また明確な論旨をもったものでなければ

立論…夫婦といえどもそれぞれ別個の人格であり、別姓は当然である。
反論…しかし、別姓では日本の伝統的な夫婦や家族の絆《きずな》が作れない。現に、昨今離婚が増えている。
主張…離婚増加と別姓は別問題である。時代の変化に対応した新しい夫婦関係が必要とされている。そのためにも別姓は必要である。

これは次のように、まったく逆の立場にすることもできる。

立論…夫婦は同じ姓をもつことで強い絆が生まれる。別姓は好ましくない。
反論…しかし、夫婦といえどもそれぞれ別個の人格であり、個人の価値観や生き方はそれぞれ独立してあるべきだ。
主張…個人の独立はよいが、同じ姓を持つ夫婦や家族としての調和の中でこそうまくやっていける。別姓にすればいいというものではない。

意見を支える根拠は、このように異論や反論を踏まえることによって、論証としての精度を高めることができる。

ならない。

三、論証の確かさを鍛えるために

このトレーニングは、論証の仕方の一例を学ぶことに意味がある。繰り返すが、論証の確かさこそ、その文章の評価を決める。

言い換えれば、感情論や独断ではない鋭い意見提示と論証を行うためには、このように異論や反論を織り込んだ論述は不可欠の要素だということである。

このことは、小論文だけでなく、実際のディベートや討論についてもいえることである。

■演習問題

次に挙げる論題について、それぞれ三点セットメモをつくってみよう。

①成人式は必要か
②電車内での携帯電話
③公共事業と地方財政

Step ❷ 小論文の構成

構成とは、文章の組み立てのことである。文章構成は、その文章の目的や種類に応じてそれぞれに適したパターンがあるが、論理的な文章の場合、基本的には次の三段構成を考えるとよい。

序論　何をどのように述べるのかを明らかにし、問題提起を行う。
本論　序論で提起した問題について、具体例や論拠を示して展開する。
結論　立場や主張を明確に示して論を締めくくる。

それでは実例を見てみよう。

次の例文は、S大情報福祉学部のK君が、現代家庭論の授業で出された課題について書いた小論文である。なお論題は次の通り。

論題　「現代家庭における食生活について、インスタント食品を取り上げて、あなたの考えを八百字程度で述べなさい」

◇例文

情報福祉学部二年　K

①食べたいときに、いつでも手軽に食べられる。それがインスタント食品の長所である。カップメンをはじめレトルトカレーやカップライスなど今ではその種類も豊富である。だが、こうしたインスタント食品の普及は、本当に私たちの食生活を豊か

❗ レッスンのポイント

一、構成ノートをつくろう

構成ノートは、文章を書くための設計図のようなものである。骨格をメモし、徐々に肉付けしていこう。

序論	インスタント食品の普及は食生活を豊かにするか ※問いを立てる
本論	インスタント食品 ・種類豊富、便利 ・食べたら終わり、ゴミがたくさん出る →← 母の手料理、家族の食卓 ・喜び、精神的な満足、記憶 ※根拠や反論などを示して論証する
結論	むしろ、食べることの豊かさを疎外している

にしてくれているのだろうか。

②たしかに、忙しいときや非常時の食料としては大変便利である。現代人にはもはや欠くことのできない食のスタイルといってもよいかもしれない。しかし、手間がかからず簡単に食べられるということで、本来の「食」のあり方が忘れられつつあるのではないだろうか。例えば、母親が家族のために、一人一人の健康や体調を考え、心を込めてつくってくれる料理は、その対極にあるものではなかろうか。それが「おふくろの味」であり、食べることの「喜び」につながる。「食卓」は、単に栄養を摂取するためだけの機能的空間ではないはずである。

一方、インスタント食品はその一瞬、私たちの空腹を満たしてくれるだけである。食べ終われば、空になった容器がゴミ箱へ投げ捨てられるように、食べたという満足感もすぐに消えてなくなる。

二十四時間いつでも開いているコンビニエンスストアに行けば選りどり見どりのインスタント食品が豊富にそろえられている。レジで代金を払い、電子レンジにかければすぐに満腹感が得られる。しかしだからこそ、それは「食べる」という一期一会の経験を私たちから奪いかねない。

③このようにインスタント食品の普及は、むしろ私たち現代人の食生活を単一で深みのないものへ変えようとしているのである。

二、上記小論文の特徴

①序論…問題提起部分。傍線部のように疑問文の形で明確に示すとわかりやすい。
②本論…意見提示部分。「例えば」以降が「本来の『食』」についての具体的な論述となっている。「一方」以下、「おふくろの味」と対比した時のインスタント食品に見られる負の面を述べることで意見に説得力を与えている。
③結論…結論部分。序論で述べた問題提起と対応している。ここが曖昧であってはいけない。

■演習問題

次の論題について、それぞれ構成ノートをつくった上で、一つを選び、実際に八百字程度の小論文を書いてみよう。

①サークルの人間関係
②ファッションと個性
③インターネット社会における新聞の意義

第3章　文章を書く技法

Step ❶ パラグラフライティング

第2章では「構成ノート」にしたがって、実際に小論文を書いてみた。その際、メモした単語を文に変えるとき、文と文とをつなげるときなど、「文章にすること」の難しさを感じたひとはいないだろうか。ここでは改めて、パラグラフライティングと呼ばれる、書きやすく読みやすい文章の技法を習得しよう。

パラグラフライティングの原則は、次の三つからなる。
①文章は段落（パラグラフ）で書く
②一つの段落には一つの話題を（一段落一トピック）
③段落はトピック文とサポート文とで構成する

それでは、具体的に述べよう。

①文章は段落で書く

文章という大きなかたまりは、段落というかたまりが組み合わされてできている。文章を書くとは、この段落というかたまりを組み立てていくことだと考えよう。個々の文にこだわらず、言い

！ レッスンのポイント

●トピック文とサポート文との関係

トピック文をサポート文が補強する関係は、トピック文の狙いによって、幾通りかある。主な関係は次の通り。

①**論拠**…理由やデータ、あるいはそれのもたらす結果を挙げて意見の正しさを示す。
②**例示**…具体例やエピソードを挙げて意見に説得力をつける。
③**解説**…観点を変えて言い換える、言葉の定義をするなどして、意見が正確に理解されるようにする。

■演習問題

次の文章では網掛け部分がトピック文と考えられる。他のサポート文がこのトピック文をどう支えているか、説明してみよう。

たいことを段落のかたちに書いてみよう。個々の文については書いた後で推敲すればよい（文章を書くことが苦手なひとの多くは、一つ文を書いては次の文をどうしようかと考えあぐねている）。

②一段落一トピック

一つの段落には一つのトピック（話題、小主題）を対応させる。トピックが変われば、段落を新しくつくる。一つの段落に複数のトピックを詰め込まないように注意しよう。

③段落＝トピック文＋サポート文

各段落は、その話題について読者に伝えたいことがらを簡潔に述べた文（トピック文という）で書き始め、あとは、そのトピック文を補強する文（サポート文）でかためるようにする。

このトピック文＋サポート文という段落の構成法は、論文が、意見＋根拠からなる、ということと対応している。通常の論文では、その段落をまとめる意見をトピック文で書き、その意見を根拠づける理由・データなどをサポート文で書く。

前後関係の説明などの必要から、トピック文が段落の先頭にこないこともあるが、なるべくトピック文を先に書くように練習しよう。

コンビニエンスストアの将来について考察したい。主に品揃えと顧客との両面の変化の現状をとらえることから予測してみる。

コンビニが扱う商品は多様化している。食料品・日用品から始まり、本や馬券に範囲をひろげ、さらにソフト化、情報化の動きを進めている。食料品を電子レンジで温めて売ることはモノに付随するサービスだが、FAX、コピー、宅配便、パック旅行、金融を扱うようになると、これはサービス商品そのものを扱うことになる。これがソフト化である。

ただ、商品の情報化については、今後も進行するかどうかは疑問である。N新聞○月○日付けの「小売業界ウォッチング」によれば、業界内にはIT機器の設置から撤退する動きもあるという。確かに場所の束縛を受けない携帯端末の普及が、コンビニの情報拠点化を不要にしていくという見方も成り立つ。

むしろコンビニの今後は、地域の高齢化をにらんだ消費拠点としての意味づけが必要ではないかと思う。……

●パラグラフライティングの実際

前章Step2の例文の本論部分②（47ページ）を、パラグラフライティングの原則に従って、書き換えて見よう。一段落一トピックの原則からトピックを整理すれば、次のように書き換えることができる（やや要約的だが）。

> インスタント食品は便利である。忙しいときコンビニエンスストアに行けば二十四時間いつでも手に入る。非常時の食料としても役立つ。種類も豊富だから食べたいものを簡単に選ぶことができる。
>
> しかし、インスタント食品には、食の喜びがない。食べれば終わり、ゴミになるだけである。食卓を囲む人と人とのふれあいが不在である。食品や料理との一期一会の出会いもない。ここで食の喜びというのは、「おふくろの味」という言葉に代表されるような、手料理のもつ満足感を指す。その満足感がインスタント食品にはない。

こうすれば筆者の主張が一目でわかるだろう。

このように、段落の先頭にトピック文（網掛け部分）をおいて言いたいことを概括的に書き、他のサポート文でそれを詳しく述べる。このような段落を積み重ね、「構成ノート」または「アウ

! レッスンのポイント

●パラグラフライティングと日本語

実際の日本語の文章では、パラグラフライティングはあまり意識的に行われていない。だが、論文は、どの言語に翻訳されても、理解されやすいものでなければならないので、特にパラグラフライティングを意識的に練習したい。

●パラグラフライティングと話し言葉

上段に挙げたパラグラフライティングのメリットは、文章だけでなく、スピーチの場合にも通用する。スピードが必要とされる現代のコミュニケーションには、新聞やテレビの報道の仕方と同様、結論を先に述べ、あとで詳細を述べるパラグラフライティングの順序が適している。何を言いたいのか話の終わりにならないと分からないスピーチは、聞き手に緊張の持続を強いることになる。

トライン」（次章Ｓｔｅｐ2を参照）に従って大きな結論に向かっていけば論文はできあがる。段落だけでなく、文章全体も、このような頭括型の構成をとるのが基本だ。

文章や段落が長く、複雑になったときには、読者の記憶や理解を確かなものにするために、結論を繰り返してしめくくる場合もある。その場合には、双括型の構成になる。例に挙げた二番目の段落末尾の網掛け部分が、トピック文の反復になっている。

●パラグラフライティングのメリット

パラグラフライティングでは、言いたいこと（結論・主張・用件）を先に述べるのが基本で、それには次のようなメリットがある。

①書き手にとっては、大きな論旨を忘れることなく、意見を展開できる。また、時間の限られた小論文テストの時などでは、途中で時間がなくなっても、破綻が少なくて済む。
②読み手にとっては、得たい情報（の概要）が早めに分かるので、予想しながら次を読み進めることができる。また、トピック文だけをとばし読む「速読」が可能である。
③トピック文に着目すれば、文章の要約がしやすい。

■演習問題

面接で、「学校時代に勉学以外で特に力を入れたことは何ですか」と聞かれた場合の、次の二つの回答例を比較してみよう。

Ａ「はい、私は大学ではテニス部に入っていまして、2年になってから部員の技術向上のための特別な練習プログラムを工夫しまして、それを実際に夏合宿で採用してもらいまして……」

Ｂ「はい、ふたつあります。スポーツとボランティアです。
スポーツでは、私は、テニス部にはいっていました。2年のとき、部員の技術向上のために特別な練習法を工夫して、……」

解説　特に話し言葉は、視覚像と違って、時間的な順序に従ってしか理解されない「線条性」という制約をもっていた（第一部）。最初に受け手に対してトピック文で全体像を提示することは、この線条性という制約を超えようとする工夫の一つと考えることができる。

Step ❷ 推敲のしかた

原稿を書いた後には必ず読み返す習慣をつけよう。これが文章上達の最大の秘訣だ。推敲の時には自分の文章を他人の目で眺め、語句の間違いはないか、この表現で誤解されるおそれはないか、強調したいことが相手に伝わっているかを検討する。実際に友達に読んでもらって率直な意見を聞き、手直しするのもよい方法だ。

●推敲例

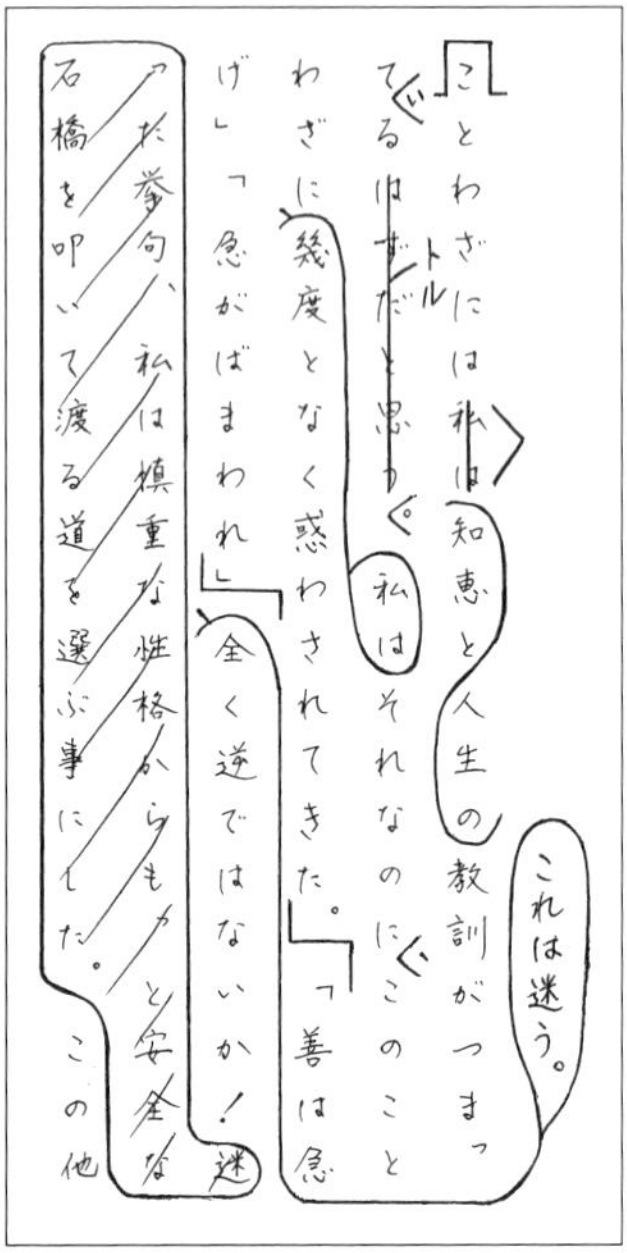
ことわざには私は知恵と人生の教訓がつまっ
てるはずだと思う。私はそれなのにこのこと
わざに幾度となく惑わされてきた。「善は急
げ」「急がばまわれ」全く逆ではないか！迷
った挙句、私は慎重な性格からもっと安全な
石橋を叩いて渡る道を選ぶ事にした。この他
トル
これは迷う。

●清書例

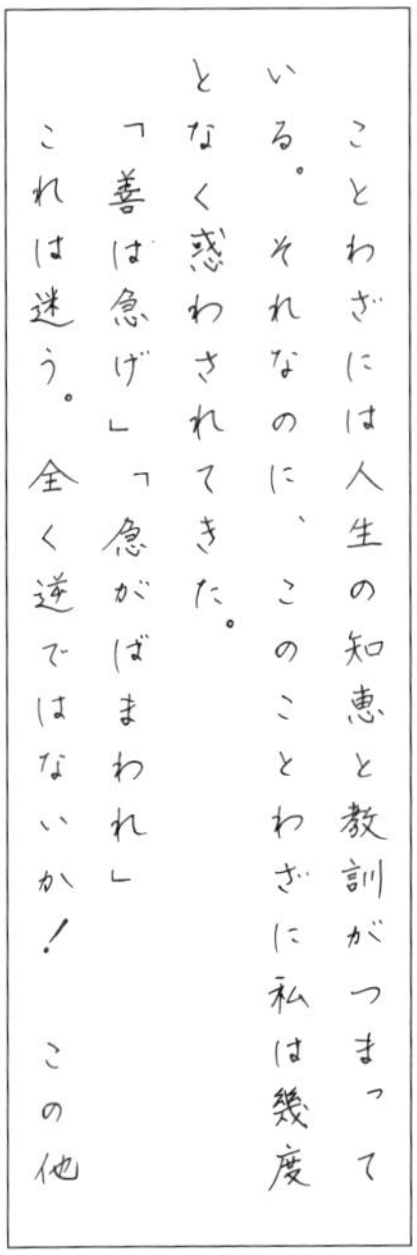
ことわざには人生の知恵と教訓がつまって
いる。それなのに、このことわざに私は幾度
となく惑わされてきた。
「善は急げ」「急がばまわれ」
これは迷う。全く逆ではないか！　この他

❗ レッスンのポイント

パソコンで入力した文章をそのままひとに見せる機会や、ＯＣＲソフトを使って文字認識した文章を利用する機会がふえ、推敲と校正はますます必要とされるようになっている。

■演習問題

訂正後の文になるように次の文を校正してみよう。

①ここでは毒を盛って制すると言う様な応対を撮らない。

←

毒を以て毒を制するというような対応をここでは採らない。

②取りも直さず駆けつけて、みると以外な事がわかった。

←

取るものも取りあえず駆けつけてみると、意外なことがわかった。

●校正記号の図

①文字を下げる	ノートを上手に取れるようにしたい。	ノートを上手に取れるようにしたい。
②文字を取ってつめる	あなたたちは、皆に聞こえるような大声で話せるだろうか。（トル）	あなたは、皆に聞こえる声で話せるだろうか。
③字句などを書き加える	私たちの教室は出版社になる。（小さな）	私たちの教室は小さな出版社になる。
④順序を入れかえる	ことばをとおして私たちは、他者にはたらきかけている。	私たちは、ことばをとおして他者にはたらきかけている。
⑤字句や記号を修正する	「言いたいもの」をとりとめもなく述べる。（こと　筋道立てて）	「言いたいこと」を筋道立てて述べる。
⑥文を続ける	ことばに工夫を加える。 これは創作の始まりでもある。	ことばに工夫を加える。これは創作の始まりでもある。
⑦改行する	ネットワークを通じ、共同作品を作ることができる。例えば、グループの新聞を作ってみよう。	ネットワークを通じ、共同作品を作ることができる。 例えば、グループの新聞を作ってみよう。
⑧一度修正したものを、元のままにする	新聞に投稿すれば、自分のことばが世界へとひらかれる。（トル　イキ）	新聞に投稿すれば、自分のことばが世界へとひらかれる。

③来年ちょうど五十周年を迎える山仲間の会に私は所属しているが、南アルプスで、自分たちが存在したあかしとして何かしたいとの思いがあり、運よく会員の中から土地の提供者が現れたので、その地で山小屋を造ろうという話が始まった。

←

来年は、私の所属する山仲間の会がちょうど五十周年を迎える。この際、自分たちが存在したあかしとして、南アルプスに山小屋を造ろうという話が始まった。運よく会員の中から土地の提供者が現れたのである。

＊長すぎる文

③のように一文にたくさんの話題を詰め込むと焦点がぼける。短文を連ねて表現できるように練習しよう。

●文章・文書チェックのポイント

次ページの表では、表現単位の小さなレベルから大きなレベルまで、推敲の際の主なチェック項目を挙げてある。文章を書くときにも常に念頭に置いておくとよい。

特に注意すべきポイントを具体例で挙げてみよう。

①幾通りにも解釈できる文

先生は泣きながら話し続ける健一を見つめていた。

←

a 先生が泣きながら見ていた。

b 健一が泣きながら話し続けた。

＊語順の入れ替えか、読点の位置でaかbかがはっきりする。

②並列関係の混乱

公園で子どもたちが飛んだり跳ねていた。

←

公園で子どもたちが飛んだり跳ねたりしていた。

！ レッスンのポイント

●論文ではここをチェック！

①長い連体修飾語をほどく

葬儀は他者との関係の清算の儀式との意識が強い。

←

葬儀は他者との関係を清算するための儀式であるという意識が強い。

②用語の概念規定

「高齢者」（ここでは国連資料により満六十五歳以上のひとを指す）

＊論文中で重要な役割を果たす用語や命題はその概念規定や適用条件を明確に。

●「見せる文章」のための文書チェック

パソコンによる出版や送信が手軽にできるようになって、推敲と校正の差は縮まり、ページのレイアウトも含めて執筆者自身が文章の見せ方を演出できる余地がふえた。見やすい文章に

③語順の乱れ

これはうまいと湾内の魚のことには精通している私は思った。
←
湾内の魚のことには精通している私はこれはうまいと思った。
＊係る語が長いものは前に置き、短いものは後におく。

するために、視覚的な効果も考え、レベルEに注意しよう。

悪文チェックリスト		チェック欄
レベルA	①誤字・脱字はないか。	☑
	②記号や符号の使い方は正しいか。	☑
	③句読点の位置は適切か。	□
	④読みやすい文字で書かれているか。	□
	⑤送り仮名や仮名遣いは正しいか。	□
レベルB	①用語の概念規定はなされているか。	□
	②不適切な助詞・助動詞はないか。	□
	③表現の重複はないか。	□
	④慣用句の誤りはないか。	□
	⑤俗語やくだけすぎた口語表現はないか。	□
レベルC	①語順の乱れはないか。	□
	②係り受けは適切か。	□
	③常体（デアル・ダ）と敬体（デス・マス）を混用していないか。	□
	④論旨にあった接続表現を用いているか。	□
	⑤一文の長さは適切か。	□
レベルD	①段落の立て方は適切か。	□
	②構成は明確か。	□
	③主題は一貫しているか。	□
	④書き出しは効果的か。	□
	⑤題名は内容と合致しているか。	□
	⑥引用は正確か、出典は明記されているか。	□
レベルE	①文字の大きさは適当か。	□
	②ページ番号はふられているか。	□
	③タイトルと本文との区別はあるか。	□
	④行間やページの余白はあるか。	□
	⑤文や段落が長すぎないか。	□
	⑥1行の字詰めは適当か。	□
	⑦漢字・漢語を多用していないか。	□
	⑧文章と図版との配置は適切か。	□

第4章　レポートから論文へ

Step ❶ レポートとはどのような文章か

小論文同様、レポートも事実と意見によって組み立てられた論証型の文章であることには変わりはない。やはり、個人的な感想や気持ちを書くものではない。小論文との違いは、執筆以前の作業――調査・観察・実験等――を必ず要することと、事実の配置や組み合わせに、意見そのものよりも比重がおかれていることであるといえるだろう。事実に関する記述の正確さが何よりも求められる文章である。

一般的には、何らかのことがらに関する報告書を意味するレポートだが、実際にはさまざまなものがある。具体例を挙げよう。

①アラン・コッタ著『狼狽する資本主義』を読み、千二百字程度で要旨をまとめて報告せよ。
②西欧美術史における写実主義について調べ、二千字程度で報告せよ。
③試験薬の臨床実験結果について、書式に基づきレポートせよ。
④川崎市と広島市の児童福祉政策について比較し、あなたの考

レッスンのポイント

一、「レポート」と一口に言っても……

大学の授業などでもレポートの概念を厳密に規定して使っているとは限らない。おおむね課題や求めに応じて書かれる報告書を指すと考えてよいだろう。問題は、求められているレポートがどのようなタイプなのかを見極めることである。はっきりしない場合は、率直に担当教員に尋ねてみよう。

二、事実と意見

特にレポートでは事実についての記述が全体の中での比重を多く占めることからも、事実と意見をはっきりと区別して取り扱うことが肝要である。

事実とは証拠を挙げて裏付けができるものであり、意見とはあることについての自分の考

えを述べなさい。

⑤携帯電話に関するアンケート結果を分析し、テーマを自由に
　設定して論じなさい。

　このように、レポートは、文献を読んだり調査したりした結果を報告するだけのもの（①②③）から、自分で問いを立てて答えを導き論証していくもの（④⑤）まで、幅広い呼称として使われることがある。③や④は論文と読んでもいいかもしれない。

　卒業論文などの研究論文は、さらに、同様のジャンルやテーマに関する先行研究等を丁寧にふまえたうえで、より複雑な論証を要する。レポートがきちんと書けるということは、よい研究論文を書くための基礎的条件といってもいいだろう。

　右に述べたように、レポートは事実に関する記述をいかに的確に、かつ効果的に行えるかにかかっている。そのためにはまず、事実と意見とを区別して書くことが必要だ。その上で、読み手にわかりやすく伝えるような叙述を心掛けよう。その際、前章で学習したパラグラフライティングを意識して書いてみよう。

美術史概論前期レポート課題

西欧美術史における
写実主義について

法学部政治学科１年
上川隆盛

え・判断である。

　ごく簡単な例を挙げると、

A川崎市は政令指定都市である。
B川崎市は暮らしやすい都市である。

Aは事実についての記述といえるが、Bは個人的な見解に過ぎない。

　また実際のレポートでは、事実と意見の関係はどうなっているのであろうか。多くの場合、あることについての事実はレポート作成者の意見を裏付ける根拠となるだろう。逆に言えば、ある一つの意見を述べるために、調査結果に基づく事実の記述があって、はじめてその意見は力を持つのである。ただ、「自分はこう思う」ということだけを書いたレポートでは説得力がない。

　したがってレポートでは、調査した事実や他人の意見を、自分の目的に従って構成し、それらに何事かを語らせることに主眼をおく。つまり、ある課題について調査した事実だけの記述が実は大きな説得力をもち得るのである。

Step ❷ レポート・論文作成の手順と方法

例えば、教育課程論のゼミで年間のまとめレポートが出されたとしよう。与えられた課題は「戦後社会科カリキュラムの特質について、特徴的なプランを取り上げて考察せよ」、分量は四百字詰め原稿用紙換算で十五枚以内、提出は一か月後である。ちょっとした論文といってよい内容である。

①論文のテーマを決める

まずは論文のテーマを決めよう。仮にも一年間在籍していたゼミなのだから、基礎的な知識や課題が求めている主旨についてはある程度理解できているはずだ。ただし心配ならば、専門的な事典や入門書・新書などで復習し、課題そのものがどのような事実や問題を含んでいるのかを確認するところから始めよう。その過程で、自分の興味・関心を抱いたことや授業を受けているだけでは気付かなかったことなどの中から、オリジナルなテーマを絞り込むとよいだろう。テーマはできるだけ具体的な方がよい。

②データや資料収集を行う

テーマを設定できたら、次はデータや資料の収集だ。この課題の場合は、文献資料が中心になるだろう。インターネットの「Web-OPAC」などを活用して、どこの図書館にどの資料があるかを探し出そう。この時の資料は、入門書ではなく、専門の学

❗ レッスンのポイント

一、レポート・論文作成の手順

与えられた課題
データ・資料収集 ― テーマの仮設
データ・資料分析 ― テーマの確定
アウトライン作成
執筆・推敲
完成

テーマを確定するまでが重要である。分析結果によっては仮設テーマを修正したり、再度データ・資料収集からやり直す場合も出てくる。

術雑誌や紀要に載った論文、専門書が中心になる。

資料をコピーするときは、できるだけ奥付も取っておこう。引用の際の書誌情報は論文作成には必要だ。コピーできなかったときは必要事項をかならずメモしておこう。

③資料の分析と論の見通しを立てる

コピーした資料は、重要な箇所はマーカーでラインを引いたり、書き込みをしたり、付箋《ふせん》を貼ったりして、どんどん汚しながら読み込もう。実際に手を加えながら、資料をそのように「加工」していく中で、どのような情報を使って論文を執筆するかが見えてくる。ただ場合によってはこの段階で、最初に設定したテーマを修正したり、資料を集め直さなければならないこともある。

テーマ…戦後カリキュラム運動
　　における川口プランと
　　西多摩プランの比較

アウトライン

一、はじめに
　　目的
二、両プランの比較
　　結論・課題
三、結論・課題

④アウトラインを作成し執筆する

資料の分析と論の見通しが立ったら論文のアウトラインを作成する。アウトラインを立てるときは、テーマをどんどん細分化していこう。小さな「問い」をいくつもつくってみるのだ。徐々にアウトラインを階層化していき、各項目の記述内容を明確にしていく。すると十五枚はあっという間に書ける。

二、アウトラインの階層化

一．はじめに
一・一．本論の目的
一・二．結論の提示と全体の概要
二．両プランの比較検討
二・一．戦後カリキュラム運動の概括
二・二．地域教育計画運動の展開
二・二・一．川口プランの特徴
二・二・二．西多摩プランの特徴
二・三．地域の実態とカリキュラムとの関係
三．まとめ
三・一．結論
三・二．今後の課題

アウトラインが決まったら、各項目のトピック文を書き込んでいこう。

Step 3 論文のスタイル

●縦書きの場合

　葉山嘉樹の代表作の一つ「セメント樽の中の手紙」は大正十五（一九六二）年一月に発表された。雑誌『文芸戦線』はその前身である『種蒔く人』の運動をなかば引き継いだ形で、関東大震災の翌年に創刊され、ここから葉山をはじめとする前田河広一郎、黒島伝治、平林たい子等の有力なプロレタリア文学系作家が育っていった。ここでまず創刊号巻頭を飾った青野季吉の「『文芸戦線』以前」を確認しておきたい。

　文芸方面においてはよし共同の戦線を張ることができても、無産階級運動の他の方面では、特に主として行動に現れる方面では、これまでの『種蒔き社』の行き方で一致することは困難となった。そこで行動の方面では各自が新境地に向かって進み、共同の戦線を張るならば文芸方面に局限せねばならぬこととなった。[1]

このように、『種蒔く人』から『文芸戦線』への移行という事態は、政治的には明らかに後退を意味していた。

…

注1　岸本健次『プロレタリア文学』阿井宇出版、一九五八年、四七頁。

2　こうした解釈の枠組みを最初に提出したのは長谷川泉である。なおこの点については別稿を用意している。

レッスンのポイント

一、書き方の留意事項

　論文の文体は、「……である」（常体）が原則である。「……です」（敬体）との混用は絶対に避けよう。また、人物名も敬称は略すのが普通である。

二、効果的な図表の使い方

　調査結果を文章中に数値だけで示すよりも、見てすぐ分かる図表を用いた方が効果的である。その際、目的に応じた図表を書くことが大切である。例えば、グラフで表すにしても、何についてグラフ化するかによって、グラフの種類を使い分けなければならない。

線グラフ…傾向を示す。
棒グラフ…数量の比較を示す。
円グラフ…比率を示す。

三、引用について

　他人の文章を引用する場合、誰がどこに書い

●横書きの場合　※近年多い引用注記のスタイル（縦書きの場合もあり）

無意識的な刺激は、夢や記憶、言語行動や感情等に大きな影響を与える。こうした無意識的な構築物は、個々の人間の態度形成にも影響を及ぼすとともに、集団的な無意識として文化的なコンテキストの基盤を形成するようになる。フロイトの夢分析は、まさにこのような無意識的構築物のもととなる原点を求めた壮大な仮説と言ってよい（原山、1987、p.129）。

ところで、ベンヤミンの『写真小史』がドイツの週刊新聞に連載が開始されたのは1937年９月のことであった。この年、ベルリンでは「フォトモンタージュ展」が開催されている。高村（2001a、p.56）によれば、その要因は従来指摘されてきた「知覚の変革」を促す「力動的なテクノロジーの高度な発達」ではなく、「無意識の蓄積としての場面形成へ」というベクトルこそが、この展開をもたらしたのである。

⋮

引用・参考文献一覧

相田哲也（1996）．「現代における想像力と言語」『季刊人間文化』第５巻第２号

薄田幸四郎（1985）．『視覚の法則』、ニューサイエンス社

高村澄子（2001a）．『無意識の発見』、へぼん出版

高村澄子（2001b）．「無意識の謎」、吉田平三編『世紀末の表象文化』、橙書房

ているのかを明記する。最低でも著者名・題名・発表年・出版社は漏れなく書き記す。

表記上は、引用符号によって示すか、長い引用の場合は、段落を別にして一字ないし二字下げで書く。また、文献の孫引きは絶対にしてはならない。

四、注・参考文献の付け方

注は、本文中に書くと、論旨が分からなくなったり、念のため書き添えたりしておくものを、論文の最後に一括して示す（脚注の場合もあり）。本文中には、該当個所に小さく番号を付しておく。

参考文献も最後にまとめて書く。その際、著者名と書名だけでなく、誰でもその文献を探せるように発表年や出版社なども記す。雑誌の論文などの場合は、掲載雑誌名・巻号を付す。

■演習問題

関心のある分野の専門雑誌論文を数本コピーし、論文のスタイルを比較してみよう。

Step ❹ 卒業論文への道

大学生にとって最大の論文といえば、卒業論文であろう。しかし卒論は文字通り一回限りの体験なので、やり直しはきかない。少なくともその外形的なイメージだけは持っておきたい。

●モノとしての卒業論文

①〈表紙〉

2003年度卒業論文
SJ大学M学部M学科
論題
スペイン戦争の階級性
指導教員　川俣史郎先生
M学部M学科4年　佐々木直也

②〈目次〉

目　次
凡例
目次
序章　本論文の目的
第1章　スペイン戦争の概略
第1節　教訓

③〈本文〉

第1節　教訓

④〈参考文献一覧〉

参考文献一覧

レッスンのポイント

一、一冊の本をつくるイメージで

一般的には次のような構成である。

卒業論文

- 表紙
- とびら
- 凡例
- 目次
- 論文本文
- 注
- 参考文献一覧
- 謝辞

二、資料の整理

せっかく集めた資料も散逸したり、活用しにくかったりすると研究ペースに大きく響く。集めた資料は丁寧に、かつ使いやすく整理しよう。次はその例である。

- コピー資料はすべて同じ大きさに統一する。
- カテゴリー別のバインダーを用意する。
- 資料ごとにインデックスシールを貼る。

●卒業論文のスケジュール

遅くとも四年生になる前の春休みにはテーマを決め情報・資料の収集を始めたい。授業や試験、各種実習に就職活動といろいろなことと並行して行わなくてはならないのだから、時間はあまりないのが現実だ。

Ⅰ期　春休み期間（二月中旬〜三月末）
テーマを決める／情報・資料を集める

Ⅱ期　前期授業期間（四月〜七月中旬）
データや資料の分析・読解を行う／研究ノートを作る

Ⅲ期　夏休み期間（七月中旬〜九月中旬）
結論までの見通しを持つ／序章を書いてみる／全体のアウトラインをできるだけ詳細に立てる

Ⅳ期　後期授業期間（九月中旬〜十二月上旬）
執筆する／推敲する／不足資料を収集する

Ⅴ期　提出直前期間（提出の一週間前）
印刷・製本する／期限内に提出する
※多くの大学では十二月下旬から一月上旬が提出である。

三、提出直前の注意事項

・どんなに遅くとも、印刷・製本は提出前日までには終わらせておく。
・当日は時間に余裕を持って提出窓口に行く。

■演習問題

本章のまとめを兼ねて、卒業論文の予行演習をしておこう。課題を次から一つ選び、四百字×十五枚の論文を作成してみよう。

①マーケティングの有効性と限界
②近代教育制度について
③相対性理論とものの見方
④二十世紀の高層建築
⑤現象学における「私」
⑥酸性雨への対処法
⑦日本語とナショナリズム

表現の探求
「思考」のカタチ　――拡散と収束

それでは簡単に第2部をふり返ってみよう。小論文から始まって、レポート・卒業論文までの書き方を学び、各種レッスンを行ってきた。何を書くか、そしてどのように書くか、それぞれを明確にした上で組み立てていくのが論理的文章の特性であった。

各章で学んだ事柄やレッスンは、もちろん繰り返し行うことによってより確かなものとなる。機会をみつけて自主トレに励んでほしい。また、関連する他の章やリンクを張ったレッスン内容は意識して取り組んでほしい。特に注目してほしいのは、第6部で、そこでは電子ツールを用いた論文作成法を学ぶことになり、より実践的なレッスンが待っている。

さて、ここでは再びレッスンのスタート地点へ戻って、論理的文章を書くことの原点について深めておきたい。最初に行ったレッスンをおぼえているだろうか。そう、マッピングと主題文である。

「何を書いたらよいかわからない」という躓《つまず》きの第一歩を解消するために行ったこのレッスンは、課題として示された事柄について何ごとかを自分の「意見」として述べるために、まず「頭の中を取材する」ことによって、その材料を見つけようとするものであった。材料なしに「意見」も「主張」も述べることはできないからだ。つまり「頭の中を取材する」とは、自分自身の記憶や既有の知識や潜在意識の中から課題に関連することを外在化し、対象化するということである。

第1章Ｓｔｅｐ１で述べたとおり、マップとは、中心にキーワードを配置しその周囲にそこから発想・連想されることばを網目状にメモしながらつなげていく一種の「地図」のことである。ブレーン・ストーミングの手法の一つだが、箇条書きのメモが線条的（リニア）であるのに対して、マップは拡散的（ネットワーク的）な形態をとる。このメモの拡散的な形態こそ自由な発想を生む大きな要因となっている。

ここで強調しておきたいのは、ただ頭の中で考えることと、書きながら考えることとは同一ではないということだ。マッピングによって想起された内容は、メモによって知覚の対象となることで、あるモノ・コトに関する「思考」がうまく動き始める。つまり紙の上に取り出すことによって、そこから発想が広がっていくのだ。次から次へとことばを線でつないでいくことによって、相互の関係性が見えてきたり、新たな発見があったりするのである。同時に、自分にはどんな情報が不足しているのかも自覚することができる。したがって、文章表現のみならず、学習情報の整理や文章読解のための方法としてもマップは有効なのである。

こうしたマップの活用は、あくまでも発想の拡大・拡散にねらいがあり、他方、主題文を書くという作業は逆に縮小・収束的思考に目的がある。マッピングによって得た材料の何を使い、何を捨てるかの判断と、最も焦点化すべき材料の組み立てに関する見通しが主題文作成には求められる。

ところで、第1章Ｓｔｅｐ1の演習でマッピングの後、主題文を作成していく過程で、再度マップに手を入れたくなった諸君はいないだろうか。もう何もかも出し尽くした、頭の中はもう空っぽだ、そう思って主題文に取りかかったけれども、不思議とマップをいじりたくなった、そんな諸君はいないだろうか。

もしもそうした経験があるならば、それはうまく「思考」が動き出している証拠であろう。拡散的思考から収束的思考へ移行する際、情報の再構成が加速される。そのことによって、新たに必要とされる情報の想起や、配置した情報関係の修正がなされるのではないだろうか。そうであれば、マップと主題文の作業過程は決して一方向的なものではなく、幾度も拡散と収束の間を往復することによって、動的な「思考」のアクチュアリティーを獲得できるということになるだろう。

そして、そうした作業によって、「何を書いたらよいかわからない」という論理的文章表現の躓きの一歩を克服していくことができるだろう。

「思考」は、はじめからある明確な形を持って頭の中に在るのではない。手を動かし、紙の上に書かれたものを眼で確認しながら、「思考」は次第に形や広がりをもちはじめる。そしてその「思考」は固定的なものではなく、いくらでも変形可能なのだ。

だから、考えるということに終わりはない。その意味では、小論文の「意見」とは常に暫定的なものでしかない。だが、暫定的であるからこそ、人は成長するのだし、学ぶことの意味もあるのだ。小論文はよりよく考えるためには絶好のレッスンの場なのである。

◆第2部の主な参考文献

荒木晶子・向後千春・筒井洋一『自己表現力の教室』情報センター出版局、二〇〇〇年
市川孝『国語教育のための文章論概説』教育出版、一九七八年
入部明子「プロセス・アプローチにおける構想指導――マップによる思考の整理――」『教育学研究集録』第一五集、筑波大学大学院教育学研究科、一九九一年
入部明子『論理的文章学習帳』牧野出版、二〇〇二年
小笠原喜康『大学生のためのレポート・論文術』講談社現代新書、二〇〇二年
樺島忠夫編『文章作法事典』東京堂出版、一九七九年
川村湊『作文のなかの大日本帝国』岩波書店、二〇〇〇年
木下是雄『レポートの組み立て方』筑摩書房、一九九〇年
言語編集部『月刊言語　特集つなぐ言葉』大修館書店、二〇〇三年三月
斎藤美奈子『文章読本さん江』筑摩書房、二〇〇二年
榊原邦彦『国語表現辞典』和泉書院、一九九九年、二〇〇一年
清水幾太郎『論文の書き方』岩波新書、一九五九年
塚田泰彦『語彙力と読書――マッピングが生きる読みの世界』東洋館出版社、二〇〇一年
戸田山和久『論文の教室』日本放送出版協会、二〇〇二年
野矢茂樹『論理トレーニング』産業図書、一九九七年
樋口裕一『ホンモノの文章力』集英社新書、二〇〇〇年
保坂弘司『レポート・小論文・卒論の書き方』講談社学術文庫、一九七八年
山内志朗『ぎりぎり合格への論文マニュアル』平凡社新書、二〇〇一年
渡辺雅子「作文指導に見る個性と創造力のパラドックス」『教育社会学研究第69集』東洋館出版社、二〇〇一年

コラム

つなぐ言葉

ここでは「論理的」とはどういうことか、少し立ち止まって考えてみたい。

文章の論理は、さまざまな主張のつながり具合によって左右されるといってもよいだろう。そしてそれは具体的な接続表現によって明確になる。日本語の文章の場合、接続表現の多用は敬遠されることもあるが、ここでは意識的に使ってみよう。

a このカメラの機能はたいへん優れている。しかし、b 値段が高すぎるのが難点だ。

aもbもカメラについての評価を述べた文だが、aに反する内容bを「しかし」でつなぐことによって、aとbの関係が明瞭になる。論証が複雑な文章ほど、接続表現の役割が大きくなる。

一、接続表現とは何か

接続表現とは、接続語や副詞、接続助詞を含む文節などを指す。つまり、語と語、文節と文節、文と文をつなぐ働きをもつものである。さらには、後述するようにパラグラフ間や文章相互の関係性を明示する機能をもつ。

二、接続表現の例

添加……そして、しかも
長い冬が終わり、**そして**春になった。

並列……また、および
この規定は本会議における運用、**および**構成員の権利に関して定める。

整理……つまり、要するに、すなわち
データもそろい、実験も成功した。**つまり**、われわれの主張は証明された。

理由……なぜなら
今日、彼女は来ない。**なぜなら**弟の結婚式で帰郷しているからだ。

例示……例えば、一例を挙げると
人間関係は難しい。**例えば**クラブ活動の先輩や後輩とのことを考えてみるがよい。

逆接……しかし、ところが
彼は優秀だ。**しかし**、協調性に欠ける。

制限……ただし、もっとも
携帯電話の使用は禁止だ。**ただし**、事前に許可を得ていればよい。

譲歩……たしかに〜だが、もちろん〜だが
たしかに、個性は大切**だが**、「個性」の名による差別は反対だ。

文章の論理について、今度は指示表現に着目してみよう。

指示表現は、文の範囲を越えて、離れた場所にある事柄を指し示すことができる。

指示表現には、単に表現の反復を避けるだけでなく、やはり議論をつなげる役割がある。つまり、読み手が文章の論理的展開を理解する上で、指示関係を把握することは重要な手がかりになるということである。

したがって、指示表現の意識的な使用が論理的な文章を書く上では大切になってくる。

三、指示表現の例と用法

代名詞…「これ」「そこ」「あちら」など

副詞…「こう」「そう」など

連体詞…「この」「その」など

形容動詞…「こんなだ」「そんなだ」など

文章中の指示表現は、多くの場合、前に出てきた内容を指し示すが、後に出てくる内容を指す場合（「ぼくはこう思う。努力すれば報われる」）や、文脈から推測しなければならない場合がある。

また、指示表現は、一般に、書き手（話し手）と読み手（聞き手）とが、文脈や場面を共有していないと理解できないという特徴を持っている。

四、「前者」「後者」「両者」

論文などではよく見かける指示表現である。

「これまで、自由を優先する思想と平等を優先する思想とがしばしば対立してきた。現在では前者が後者よりもリードしているように見える。しかし、両者は、近代社会の産物であるという点ではメダルの裏表の関係にある」。

「前者」は「自由を優先する思想」を指し、「後者」は「平等を優先する思想」を指す。「両者」は当然、「自由を優先する思想」と「平等を優先する思想」とを指している。

第3部

テクニカル ライティング

わかりやすい表現

相手にわかりやすくこちらの意図や考えを伝えるためのレッスンを行う。テクニカルライティングとは、特殊な技術について何の知識ももたない読者が理解できるように、文章で伝えていくことである。理科系の論文を書く上では極めて効果的な文章テクニックである。無論それだけにとどまらず、他者とコミュニケーションを行う際には必須の表現技術でもあるので、ぜひマスターしよう。

第1章　わかりやすい表現の基礎

Step ❶ 見えない相手が理解できる表現

電車に忘れ物をしたことに気が付き、駅に電話を入れる。さて、電話口に出た駅員が間違いなく忘れ物を探せるように、的確に忘れ物の特徴を表現するにはどのように伝えればいいのだろうか。

見えない相手が理解できる表現方法について考えていこう。

●身近なものを見えない相手に言葉で伝える

忘れ物の特徴を目の前にいる相手に伝えるのはさほど難しくはない。なぜなら、言葉の他にも、身振り手振りで伝えたり、紙に描いたりといった手段を選ぶことができるからだ。ところが、目に見えない相手に伝える場合はこうはいかない。なぜなら、相手はその忘れ物については何の情報も持っていないばかりか、伝達手段は言葉のみだからである。

電車に「携帯電話」を忘れたとしよう。忘れた本人が挙げた特徴は次のとおりだ。この特徴を実際に駅員に伝えてみよう。

なお、ここでは練習のため、携帯電話に電話をかけるとか、忘れた電車の車両や時間帯などの情報は無視することとする。

! レッスンのポイント

- 目に見えない相手への伝達は、自分ならばどのように説明されれば理解できるかを考えるとよい。
- 若者言葉や流行語など、相手の混乱をまねきそうな言葉には気をつける。相手がどのような人なのか判断がつかない場合は特に、標準的なわかりやすい言葉に置き換えると伝わりやすい。
- 伝えるのに、最低限必要な情報は何かを整理しよう。
- 余分な情報は、相手を混乱させる原因である。

①裏に「モーニング娘。」の××ちゃんのシールが貼ってある
②パカパカ
③値段は高い
④ＮＴＴ　ＤＯＣＯＭＯ製　型番Ｎ５０５ｉ
⑤ストラップはオレンジ色
⑥ストラップと一緒に犬の人形がついている
⑦色はブルー

思いつくまま特徴を述べると、相手を混乱させる余分な情報が混じりやすい。これが「わかりにくい表現」の原因となる。

右に挙げた特徴①②③がそれだ。まず①、「モーニング娘。」はおそらく通じても、誰もがメンバーの名前を把握しているわけではない。②は若者言葉。折りたたみ携帯の意。③は、携帯電話の値段を誰もが把握しているわけではない。つまり、①②③は、伝える側が熟知していても、聴く側は知らないことが多い情報だ。こういった情報は、まず標準的な言葉に置き換えるか、どうでもいい情報はいっそ削除する。ここでは、①と②は標準的な言葉に置き換えることができる。③は削除する。

目に見えない相手に物事を伝えるときは、まずは情報を整理して、相手が理解するのに本当に必要な情報は何かを考えていくことが大切だ。

■演習問題
─見えない相手への表現の練習─

①携帯電話やカバン、時計、眼鏡など比較的簡単に説明できそうなものを題材に選んで、持ち物の特徴を網羅しよう。

②挙げた特徴の中から、目に見えない相手が混乱すると思われる情報を抜き出してみよう。

③抜き出した情報が混乱を招く理由を考えてみよう。

④目に見えない相手がそれを知るのに最低限必要な情報は何かを考えてみよう。

Step 2 相手が理解するための伝達方法

●相手の頭の中に絵を描く

見えない相手へ伝える情報が整理できたら、今度はどのように伝えれば相手が理解してくれるかを考えてみよう。

伝える前にまず、「相手はそれについて何も知らない」ということと、「あなたはそれについて熟知している」という事実の相違があることに気を付けたい。何も知らない相手に伝えるには、一から知識を与えなければ理解してもらえないのである。

相手の頭の中は白い画用紙と考えよう。相手がすんなりとイメージできるように伝達するには、相手が画用紙にすんなり絵を描けるように順序よく述べてやればいいのだ。

見えない相手が理解できる表現方法とは、つまりは相手の頭の中にイメージを構築してやる作業なのだ。実際に絵を描くとき、たいていは輪郭から描く。ジグソーパズルもたいていは枠から組み合わせる。それと同じで、まずは相手の頭の中に大枠を作ってやる。そして、細部を詰めてやる。つまり、「大きな特徴（全体）」から「小さな特徴へ（詳細）」の順序で述べてやれば、相手はすぐにイメージができあがり、それがどんなものであるのかを理解できるはずである。

この例の場合、伝える順序は、まずは携帯電話の形や色を述べ

! レッスンのポイント

・見えない相手へは、自分の知識を述べるだけでは伝わらない。相手が自分ならばどのように伝えられれば理解できるかを考え、相手の立場にたって表現することが大切である。

・相手が理解できるかどうかは、相手の頭の中に正確なイメージを描けるかどうかによる。例えば、カバンの色が蛍光ピンクであるなど、強力な特徴がある場合は、その特徴を述べるだけで通じることもある。強い特徴がある場合は、概要から詳細を述べる手法では却《かえ》って通じなくなることもある。

・見えない相手への表現方法は、製品取扱説明書、パソコン操作解説書などを執筆するときに通ずるコミュニケーション技術である。同時に、インターネットでのコミュニ

る。それを表すのは②と⑦である。②は若者用語だから「折りたたみ式」と表現を変える。これで相手の頭の中に「折りたたみ式の青い携帯電話」という大まかなイメージができた。続けて⑤と⑥。ストラップの特徴を述べる。これで「オレンジ色のストラップと犬の人形がついている」を先のイメージに付け加えることができる。これだけの情報で相手に伝われば残りの情報は伝える必要はない。伝わらないときに、④の機種名や、①の芸能人の女の子のシールが貼ってあるという小さな特徴を付け加えればよい。

●テクニカルライティングとの共通性

見えない相手への表現の仕方は、テクニカルライティングの基礎である。テクニカルライティングの目的は、特殊な技術について何の知識ももたない読者が理解できるように、文章で伝えていくことである。伝える手段が言葉から文章に、相手が情報を取得する器官が耳から目に変わるだけで、相手の頭の中が白い画用紙であることには変わりはない。だから、文章を読みながら相手が頭の中で理解できるように、順序よく述べていくことが大切だ。

これは、パソコンの操作解説においても、マニュアル全体の構成を考えるときにおいても同じことがいえる。言い換えれば、テクニカルライティングでは、「書き手」が中心ではなく、常に「読み手」が中心であるということである。書き手は、「常に読者を意識して書く」ということを肝に銘じておかなければならないのだ。

ケーション法にも通じるところがある。ただし、電子メールのように用件のみを伝える媒体では、時にはこの表現方法がくどい印象を与えてしまうことがある。

■演習問題

─身近なものを使った表現の練習─

二人一組になり、それぞれ自分の持ち物の特徴を挙げてみよう。相手に持ち物の説明をし、説明を聞いた者は絵を描いていこう。

最後に、絵を描きにくかった点を挙げて、どのように伝えれば描きやすかったかを話し合ってみよう。

第2章　ライティング技法

Step ❶ テクニカルライティングの文の基本

●脳に記憶させる文章の書き方

文章を読ませて理解させることが目的のテクニカルライティングでは、読者の頭の中に情報を書き込み、読者が「理解」できるように文を構成しなければならない。そのコツは、やはり伝えるべき情報を整理して、必要な情報を一文ずつ正しい順序で脳に記憶させてやることだ。

まずは、次の文を頭の中で読んでみよう。

◇例文

このパソコンにはウィンドウズXPが搭載されていて、ワードとエクセルがインストールされていて、GPS機能を搭載したカーナビソフトもインストールされています。

これを読んで、あなたの頭の中にすんなりと記憶されただろうか。比較的短い文なので意味はわかる。だがこれは、「わかりにくい文」の代表だ。まず読みづらい。頭の中で一息つけないのだ。ようやく一息つけたと思ったら文末だ。この文のわかりにくさは、

❗ レッスンのポイント

●テクニカルライティングで最低限守りたいポイント

・誰が読んでも一つの意味にしかとれない文にする

・複雑な印象を与えない文にする

一文の中に重ね言葉を避けて明快にする。

× ウィルスの被害を被った。（被害＝害を受ける、被る＝受ける）
○ ウィルスの害を受けた。

・相手が短時間で読めるようにする

冗長語句を控え、一文が短時間で読めるようにする。これにより、読み手が意識を集中させることができる。

× しかしながら　○ しかし
× その結果においては　○ その結果

一つの文にいくつもの意味が盛り込まれているところにある。読者は、複数の意味を息をつかずに頭に詰め込むわけだから、記憶に残りにくい。結果、読者は何度も読み返すことになる。

文の終わりにつける句点「。」は、「脳への記憶」という意味がある。句点が多くなれば頭にインプットされる機会も多くなる。そこで、「一つの文には一つの意味だけを含める（一文一義）」ように文を構成する。これを意識するだけでも、随分とわかりやすい文章になるはずだ。

◇例文

このパソコンには、ウィンドウズXPが搭載されています。ワードとエクセルのほかに、GPS機能を搭載したカーナビソフトもインストールされています。

「一文一義」となるようにするには、ここでは文を二つに分けるのが正解だ。これにより、読者は、一文ずつ文の意味を頭に記憶できるはずである。そして、文の中に、重ね言葉や冗長語句を含めない。修正後の二つ目の文では「インストール」という言葉は一度しか登場していない。このように一文が簡潔に述べられていれば、読者はすんなりと意味を記憶できる。あとは、書き手が正しい順序で述べていけば、読者は読みながら理解し、一読しただけでも書き手の説明が理解できるのである。

× ～ということが考えられるというわけである。
○ ～ということが考えられる。

・自然な動作をうながすように表現する

文に否定の言葉を入れると、意味が曖昧になりやすい。文の通りに迷わず作業できるようにする。

× 正しく設定しないと、正常に動作しません（二重否定）。
○ 設定を誤ると、正常に動作しません。
× Ver．3以降の製品は、修正バッチをインストールしないで下さい。
○ Ver．2以前の製品は、修正バッチをインストールして下さい。

■**演習問題**

身近な文章を観察し、わかりにくい文章を探して、わかりやすい文章に書き直してみよう（例、DMの宣伝文句、広告、商品案内、インターネットに氾濫する一般の人が書いた解説文、市販のコンピュータ解説書など）。

Step ❷ より理解を深めるための表現

●箇条書きの効果

パソコンの操作解説書や電化製品の取扱説明書などでは、いくら読みやすく理解できる文章であっても、文章だけで表現していては説得力に欠けることがある。読み手に対して強調したいポイントは、箇条書きを利用すると効果的だ。

箇条書きにすることにより、読み手は、要点を理解しやすくなるだけでなく、書き手も言うべきことが明確になり、それぞれの詳細説明もしやすくなる。

箇条書きは、重要度の高いものから順に述べていくと、より説得力が生まれる。

パソコンをネットワーク接続すると、まず各パソコンのフォルダを共有できるようになり、パソコン間でのファイルのやりとりが可能になります。そして、プリンタにも共有設定を行えば、他のパソコンから共有されたプリンタを利用することができるようになります。そしてなんといっても、すべてのパソコンからインターネット接続できるようになるのが大きな利点です。

⇩

パソコンをネットワーク接続すると次のような利点があります。

・すべてのパソコンからインターネット接続が可能になる。
・パソコン同士でファイルのやりとりが可能になる。
・1台のプリンタを、ネットワーク接続されたパソコンすべてで利用できるようになる。

❗ レッスンのポイント

・箇条書きは、技術解説文の中でも重要なことをしっかりと伝えたいときに効果がある。
・箇条書きにして説明が足りなくなってしまう場合は、箇条書きごとの詳細解説を追加すればよい。
・文を理解した後に、内容を表した図やイラストなどの視覚的効果を得ると、より深く理解できる。
・箇条書きも視覚的効果も多用しすぎると、却ってわかりにくくなることがある。
・図を中心として手順解説をするときは、操作手順を簡潔に述べる。手順解説の中に、無駄な情報を含めない。どうしても含めたい場合には、「メモ」などとして別枠を設ける。

■演習問題

①アプリケーションソフトの起動方法を文章でわかりやすく解説してみよう（文章のみで相

●図や表、イラストの活用

パソコン解説書や製品取扱説明書では、図や表、イラストが用いられていることが多い。これらの活用には二種類の効果がある。

①文章を読んで理解したことの念押しとして理解を深める効果。
②図や表などを追いながら正しい手順を理解できるという効果。

要するに、文章だけで理解できるものでも、そこに視覚的に説得する材料があれば、より深く理解させることができるというわけだ。また、中には、エアコンなどに付属するリモコンの使い方のように、文章よりも図で示した方が理解しやすい場合もある。

ただし、視覚的効果を多用しすぎたり、使い方を間違えたりすると危険だ。図や表、イラストは、これから作成するマニュアルの目的や用途に合わせて活用していこう。

手が理解できるように書く）。
②この解説に、理解を深めるための図を入れてみよう（文章では理解してもらいにくい部分に図を入れる）。
③同じ題材を、図を追いながら手順を解説する方法で解説してみよう（すべての操作を図解にして、手順①②……と解説する）。

例）無線LANには、パソコンに搭載された無線LANカード同士を直接接続して通信を行う「アドホックモード」と、アクセスポイントと呼ばれる中継基地を設置して、基地局を通して通信を行う「インフラストラクチャモード」という種類の接続方法があります。

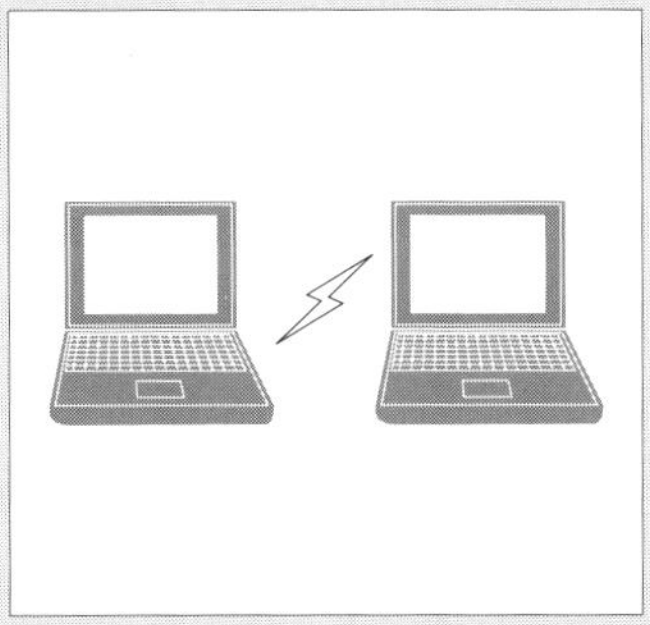

図1　アドホックモード

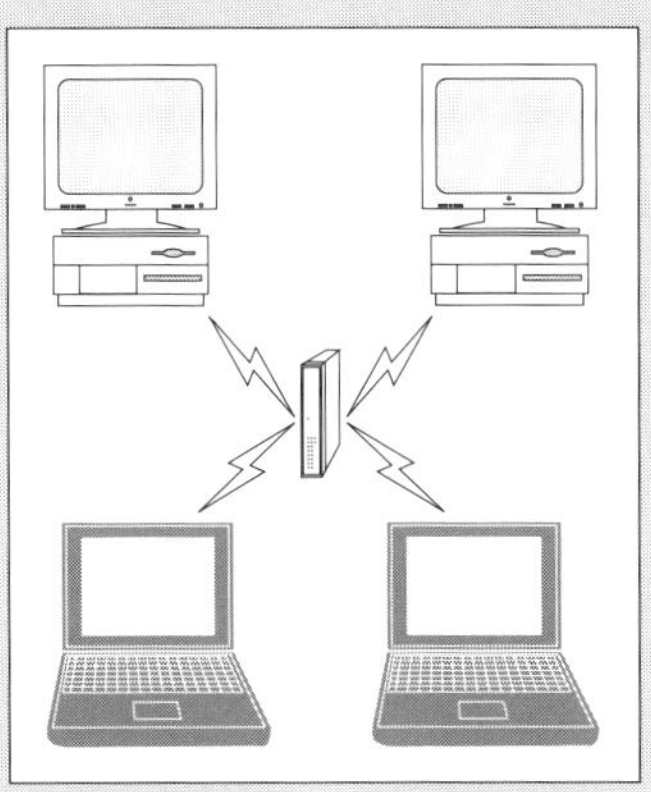

図2　インフラストラクチャモード

第3章　わかりやすいマニュアルを制作する

Step ❶ マニュアルの種類と目的を知る

●マニュアルには種類がある

第1章、第2章では、テクニカルライティングにおいてわかりやすい表現方法について学んだが、ここからはマニュアル制作について見ていこう。

「マニュアル」と聞いて、あなたは何を頭にイメージするだろうか。身近なのは、携帯電話や電化製品のマニュアルだろう。いわゆる「取扱説明書」と呼ばれるものだ。このほかに、書店に並んでいるコンピュータの操作解説書やパソコン雑誌などの特集記事もマニュアルの一種である。

実際に、同じような内容を扱ったマニュアルを探し出して見比べてみよう。きっと、それぞれ目的も内容も対象読者も異なり、たとえ同じ内容を説明していても、見せ方は全く異なっているはずだ。

❗ レッスンのポイント

・マニュアルには種類があり、対象読者や目的がそれぞれ異なる。それにより表現の仕方も変わってくる。

・表以外にも、CD-ROMやビデオなどのメディアを使ったマニュアルもある。

・製品に付属する取扱説明書は、業界の規制が多いためにわかりにくくなってしまう場合もある。市販のマニュアルは、業界の規制を受けることは少ない。規制なく自由に執筆できるので、わかりやすいマニュアルを制作しやすい。

■演習問題

身近なマニュアルをよせ集めて、種類別に分類してみよう。同じ種類のマニュアルでもどのように読者に見せているかの違いを考えてみよう。

<table>
<tr><th>種類</th><th>対象ユーザー</th><th>目的</th><th>内容</th></tr>
<tr><td>取扱説明書</td><td>製品を購入した人</td><td>すべての機能の使い方が理解できる</td><td>全機能網羅</td></tr>
<tr><td rowspan="2">パソコン解説書</td><td>初心者</td><td>主要機能がわかる／基本的な使い方がわかる</td><td>基本機能や利用度の高い機能を中心に解説／パソコン用語の説明／図解やイラストを用いて親しみやすく構成する</td></tr>
<tr><td>上級者</td><td>より高度な使い方や裏ワザなどがわかる</td><td>難易度の高い技術に重点を置く／基本的な使い方は知っていることを前提として解説を進める／より便利な使い方を提唱する／Q&A形式やTips集の形式をとることもある</td></tr>
<tr><td rowspan="4">パソコン雑誌</td><td>興味がある人</td><td>あらゆる情報を入手できる</td><td>大筋でわかる／専門的な内容／流行物がわかる</td></tr>
<tr><td rowspan="3">世代別</td><td rowspan="3">世代に合わせた情報を入手できる</td><td>若い世代向け
→例）携帯メール交際術</td></tr>
<tr><td>シニア層向け
→例）Excelでゴルフスコア管理に挑戦</td></tr>
<tr><td>ビジネスマン向け
→例）Excelで経営分析に挑戦</td></tr>
</table>

Step ❷ マニュアルのプロット作り

どんなマニュアル制作においても、プロット作りは不可欠である。プロットとは、いわゆるマニュアルの構成案だ。この作業を怠ってしまうと、マニュアルの方向性が定まらず、焦点のあっていないわかりにくいものになってしまう。プロットがしっかりと出来上がれば、マニュアルは半分出来上がったのも同然である。

ここでプロット作成の手順を把握しておこう。

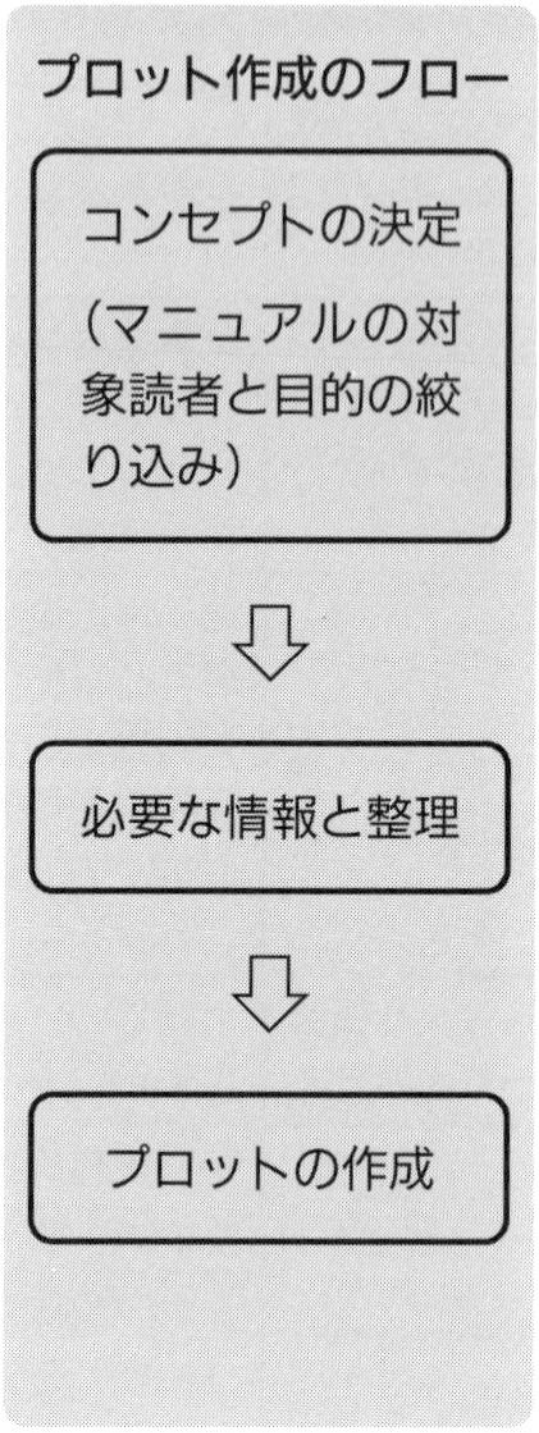

●コンセプトの決定

まず、マニュアルの目的と対象読者をしっかりと決めることが必要不可欠だ。いわゆるこれがコンセプトの決定である。コンセプトを明確化することでマニュアルの方向性が定まる。そして、

❗ レッスンのポイント

●マニュアルのプロット

マニュアルのプロットをしっかりと構成しておけば、執筆作業や編集作業も楽になるだけでなく、読者により説得力のあるものに仕上がる。逆に、プロットの詰め方が甘いと、時間や手間がかかるばかりか、出来上がりに取り繕った跡が出やすい。

●コンセプト

コンセプトとは、いわゆる「ウリ」である。マニュアル制作に限らず、商品を開発する上でも「ウリ」は重要だ。「ウリ」が明確な商品は、自然と人を惹《ひ》きつける。

携帯電話などの製品に付属する取扱説明書にも必ずコンセプトはある。取扱説明書では機能網羅が必須となるので、機能引きのしやすさやレイアウトの見やすさ、わかりやすいイラストに重点を置いている場合もある。

マニュアルで採用する表現方法や解説手法、紙面レイアウトなども自ずと絞られてくる。

（例）パソコンのイロハが理解できるマニュアルのコンセプト

■**目的**：パソコンに全く触ったことのない人が、この本でパソコンの一通りの操作を習得できるようにする。

■**対象読者**：パソコンをこれから始める中高年層

■**内容**：書いてある通りに一通り操作すれば自然とパソコンの使い方が習得できるように、講座形式で解説を進める。

- パソコンを難しいと思わせないように、親しみやすい題材を取り上げる。
- 親しみやすいイラストを採用し、文字は大きく、縦書きで構成する。
- 各項目の構成を次のようにする。

【ここで習得できること】
【必要な準備】
【講座内容】
【まとめとワンステップアップ】

■演習問題（マニュアル制作①）

次のいずれかのテーマを選択して、マニュアルを制作しよう。ここではまずあなたなりのコンセプトを考えよう。

・携帯電話の使い方
・携帯電話をもっと活用するマニュアル
・携帯電話コミュニケーション術

●情報収集と整理

コンセプトが決定したら、マニュアルに必要な情報収集を行う。情報収集は主に、「マニュアルに取り上げる製品や機能の情報」、「読み手に関する情報」を中心に行う。手段は、類書や資料の確認、ヒヤリングなどがある。あらゆる情報を収集したら、マニュアルに必要な情報を洗いだし、整理する。このとき、大小関係や抱合関係を整理して階層化する。階層は、大項目、中項目、小項目の三階層までに押さえるのが理想である。

【情報収集】
■マニュアルに取り上げる機能や情報
伝えなければならないこと
・パソコンの基本的な操作　・ウィンドウズの基本的な操作　・ファイルの扱い……
■講座にしたいもの
・パソコンの起動　・マウスの操作　・キーボードの操作　・文字の入力方法
■読み手の情報
・マウス操作ができない→マウス操作が覚えられる工夫を……
⋮

【情報の整理】
■マニュアルの一貫した考え
・パソコンは楽しい、難しくない、というイメージをだす　・読者を惹きつける見出し……
■分類
パソコンの基本的な操作
・パソコンの起動　・マウスの操作……
ウィンドウズの基本的な操作
・キーボードの練習ができるようにする……
⋮

! レッスンのポイント

・マニュアルに取り上げる製品や機能の情報

情報は、調べ上げたことや思いついたことをどんどん箇条書きで挙げていくと早い。

上段の例では、コンセプトに沿って、このマニュアルで伝えなければならないことをまず挙げた。次に執筆する形式に従って必要な情報を挙げている。

・読み手に関する情報

マニュアルの読者層の特徴を調べる。調べたら、対象の読者層がどのような操作をするかなどを想定する。

・情報を収集したら整理し分類する

集めた情報から必要な情報と不要な情報を整理し、グループ化していく。このグループ化により、目次の大本ができあがる。また、制作するマニュアルのコンセプトに関わる細かい事などもメモしておくとよい。

■演習問題（マニュアル制作②）

マニュアル制作①で決めたコンセプトに沿っ

●プロットの作成

整理した情報は、アウトライン（目次）を作成する。アウトライン作成においても、見えない相手へ表現する方法と同様に、第1章から順に全体的なことから詳細へと順序よく述べていく。言い換えれば、重要なことから述べる、あるいは、基本から応用の順序で述べる。

（仮題）　操作しながら覚えられるやさしいパソコン教科書　中高年向け
第1章　パソコンの基本操作に慣れよう
　1-1　パソコンを操るマウスとキーボードについて知る
　1-2　ゲームで遊びながらマウスに慣れる
　1-3　キーボード練習ソフトでキーボードに慣れる
　1-4　パソコンでワープロを使う その1（文書を作成する）
　　⋮
第2章　パソコンのこれだけはおさえておこう
　2-1　ウィンドウズの画面について知る
　2-2　パソコンのデータについて知る
　　⋮
第3章　パソコンでインターネットしよう
　3-1　ホームページ擬似体験
　3-2　インターネットにつなぐ
　3-3　本物のホームページを楽しむ
　　⋮
第4章　電子メールを楽しんでみよう
　4-1　電子メールはインターネットの郵便
　　⋮

て、情報を収集し、整理しよう。

●プロットの作成

整理した情報から大まかな目次を作成する。第1章で学んだように、見えない相手へ伝えることを意識して情報を伝える順序を決めよう。

・アウトラインを作成すると次のような効果がある。

①全体の流れがチェックできる。
②不明確な部分や説明不足の項目が明確になる。
③執筆する内容を明確にできるため、作業分担がしやすくなる。

・この段階で作成するプロットは絶対ではない。マニュアルを実際に制作していく段階で、見直していくことも必要である。

■演習問題（マニュアル制作③）

マニュアル制作②で収集した情報をもとに、プロットを作成しよう。

Step 3 執筆とその後の作業

●レイアウトの決定

アウントラインが決まったら、執筆する前に、おおよその本文レイアウトを事前に決めておこう。執筆者がレイアウトを事前に把握していれば、それに合わせて原稿を書くことができるため、後の作業も楽になる。

実際にマニュアルを刊行する現場では、執筆者がサンプル原稿を提出し、それに沿ってレイアウトを決めていく場合もあれば、「シリーズ化」されているマニュアルなどでは、シリーズのレイアウトに合わせて執筆していくこともある。

●執筆規則の作成

レイアウトと同時に、執筆規則を作成しておこう。執筆規則には、文体、漢字の使い方、用語の表記の統一などがある。

【レイアウト例】
- ・各項の見出しは必ず見開きページの左上
- ・文字量…一行三十五文字、一ページ三十行
- ・図版の大きさ…一枚二十文字×十行取り、枚数／ページ…最大三枚

! レッスンのポイント

●レイアウト

マニュアルの制作現場では、たいてい複数の人間が役割分担をして本を作成している。製造業などでも制作を請け負う部署があるところも珍しくない。また、市販されている書籍には著者名が書いてあるが、実際のところ、ライターと編集者、デザイナー、イラストレーターなど、一冊の本には複数の人間が絡んでいる。

グループでマニュアル制作の演習を行う場合は、マニュアルのコンセプトをもとにして、皆で意見を出し合いわかりやすいレイアウトを決めていこう。

●用語の表記の統一

マニュアルで使用する特殊用語は必ず統一しよう。特に、語尾を伸ばすカタカナ語では、「ー」（音引き）をつけるかどうかを決めておく。また、一般的な日本語の表現では、『記者ハンドブック　新聞用字用語集』（共同通信社）や

『日本語の正しい表記と用語の辞典』（講談社）などを参考にして統一するとよい。

■演習問題（マニュアル制作④）

マニュアル制作③で作成したプロットをもとにして、レイアウトと執筆規則を作成しよう。

実際のレイアウト写真

写真1

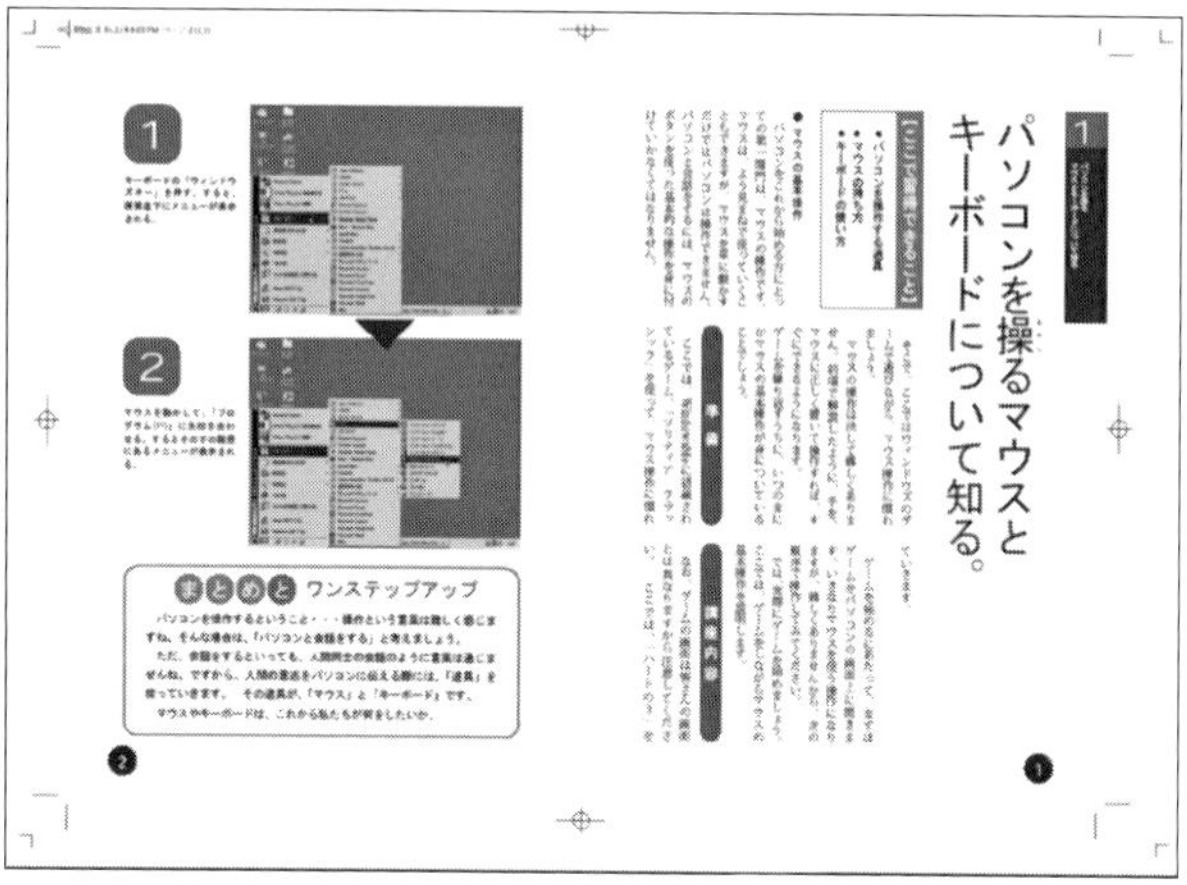

写真2

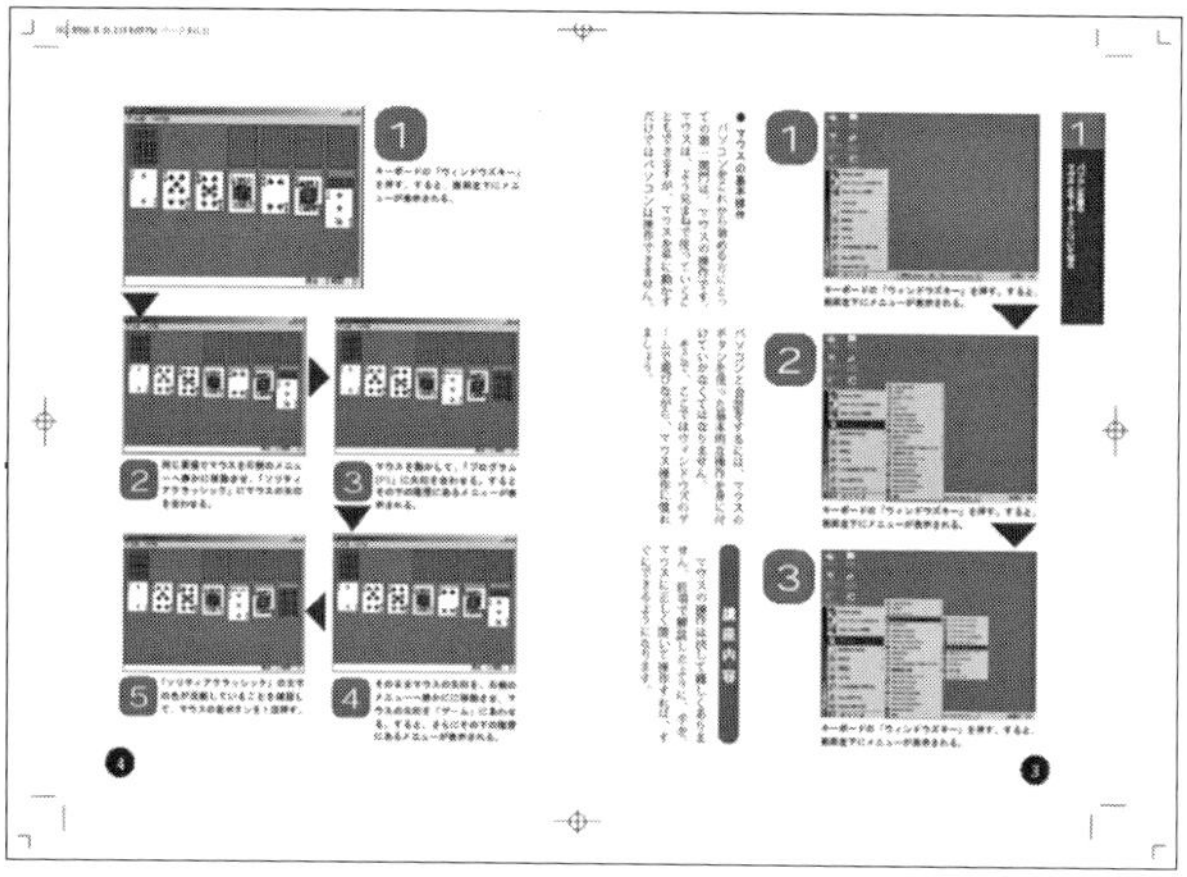

写真1、写真2　明確なサンプルレイアウトを作成することもある。

●編集作業や印刷を前提とした執筆と推敲

作成したアウトラインをもとにして、レイアウトや執筆規則に従って執筆を始めよう。なお、ここではマニュアル制作の編集作業や印刷を前提とした執筆方法を取り上げる。

・執筆に使用する道具

最近は原稿用紙に鉛筆（ペン）ではなく、パソコンに向かい、ワープロソフトやテキストエディタを使って、ダイレクトに文章を入力していくことが多い。パソコンでの原稿執筆の利点は、思いついたことを気軽に書いて、整理出来るところである。特にマニュアルを制作する際には、わかりやすく簡潔な表現に気を使わなければならない。思考のとおりに文章を書き、一発で簡潔な表現にすることは慣れないと案外難しい。

思考のとおりに入力した文は、後から文節の前後を入れ替えたり、余分な箇所をカットしたりして、丁寧に整えて初めて簡潔になる。この作業を簡単に行うには、パソコンを使った入力がおすすめだ。

・原稿の書き方

具体的な執筆方法には二種類ある。

マニュアルを制作するとき、DTP作業を入れる場合は、テキ

レッスンのポイント

●執筆に使用するソフト

マニュアル執筆に使用できるソフトには、ワードや一太郎などがある。簡単なマニュアル制作ならばワープロソフトを利用すればよい。ただし、編集や印刷を前提とする実際のマニュアル制作の現場では、次のコラムで取り上げるテキストエディタを利用して原稿を書く。ワードの利用方法については、第6部を参照。

§ミニコラム§

どんなコンピュータでも読み書きができる文字列が「テキスト」である。原稿を執筆するとき、DTPソフトなどによる編集作業がその後に控えているときは、テキストエディタで原稿を仕上げた方が、編集側の作業がしやすくなる。

テキスト文字を書くには、ウィンドウズでは標準搭載されているテキストエディタ「メモ帳」を利用する。だが、メモ帳は文字を単に入力することしかできないので、原稿を書くには少々不便だ。そこで、一行文字数と行数がペー

ストと画像やイラストなどは別扱いとなる。つまり、文字と図やイラストを含めた原稿を作成する必要はない。これらは編集作業の個々の材料となり、DTPソフトでまとめ上げる。テキストには、図やイラストを挿入する位置に「図1―1」や「イラスト1」などと記しておくことが一般的だ。

ただし、最近のワープロソフトは機能が豊富なので、ワープロでレイアウト作業までを行ったものを原稿とすることもある。

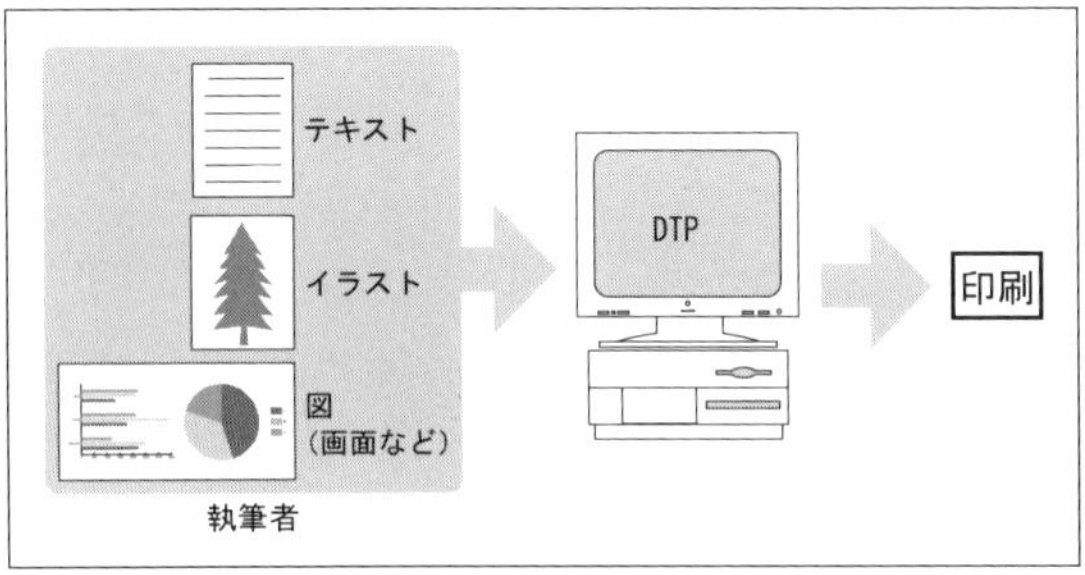

図3　DTP作業を用いた執筆方法

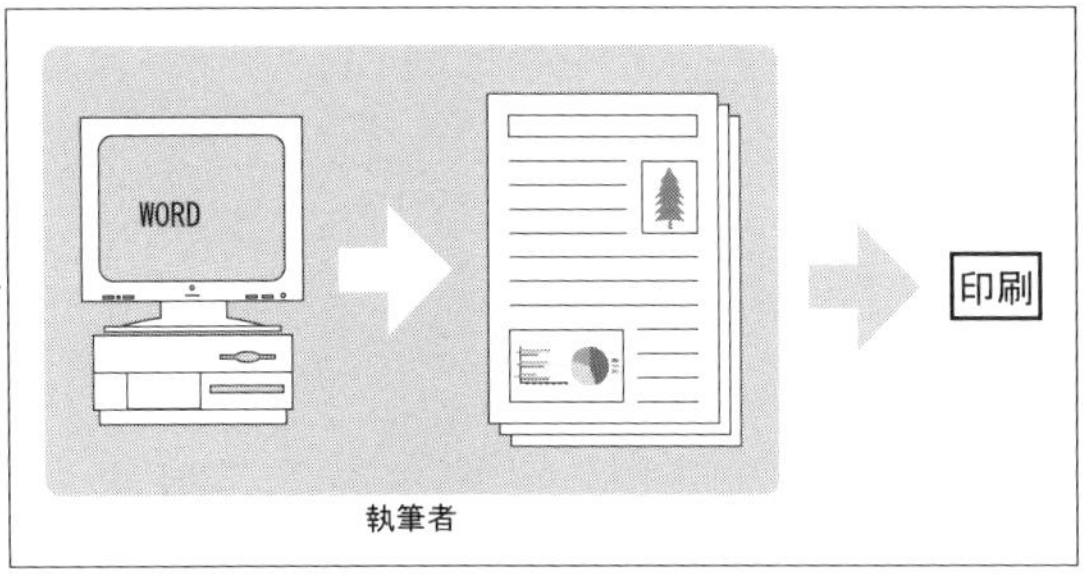

図4　ワープロソフトでレイアウト作業

ジ設定できるテキストエディタを使うと便利だ。オンラインソフトが多数出回っているが、中でも「秀丸エディタ」（シェアウェア）が有名である。

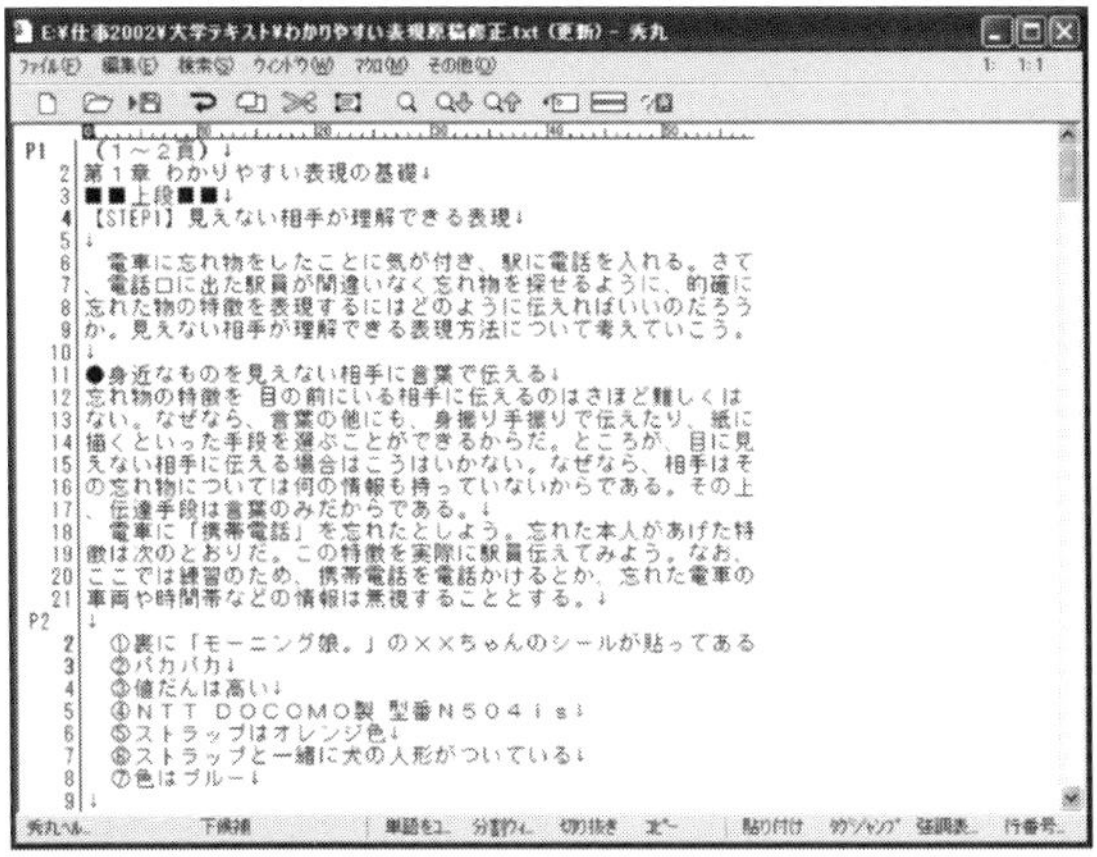

写真3　秀丸エディタ

【参考】　秀丸エディタのダウンロード先

http://hidemaru.xaxon.co.jp/software/hidemaru.html

●推敲する

書き上げた原稿は、必ず推敲する。テクニカルライティングでは、推敲のポイントがいくつかある。次のポイントをチェックしていこう。

・文章は簡潔に述べられているか。
・解説は正しいか。
・実際に操作してみてそのとおりの結果になるか。
・説明不足はないか。
・執筆規則は守られているか。
・図やイラストなどは正しい位置に挿入されているか。
・誤字や脱字はないか。

推敲は、執筆が終了してから、ある程度時間を置いてから行うとよい。すると、自分が書いた原稿を客観的に読むことが出来る。執筆中には気が付かなかったことにも、時間を置くことで気が付きやすくなる。

原稿を推敲し修正したら、再度時間を置いてもう一度推敲すると完璧だ。

また、パソコンを使って執筆している場合は、なるべく原稿を印刷して確認するようにしよう。パソコンの画面上での確認は、

レッスンのポイント

●推敲

①原稿は時間をおいて客観的な目で推敲しよう。
②推敲は原稿を必ず印刷して行う。
③印刷する際は、レイアウトが縦書き仕様の場合、印刷も縦書きで行い推敲するとよい。なるべく出来上がりのイメージに近い形で推敲すると、原稿の仕上がりもよくなる。

●査読

執筆者がいくら客観的に見ているつもりでも、第三者の視点はやはり異なる。読者が読んで理解できることが前提のマニュアルでは、査読は欠かせない。

間違いに気が付きにくく、推敲時の校正記号やメモも簡単に入れられない。修正箇所が曖昧になってしまうという欠点がある。

●査読と実地テスト

完成した原稿は、第三者にチェックをしてもらおう。第三者に客観的にチェックしてもらうことにより、不明確な部分や問題点がより明確になる。これが査読である。制作したマニュアルを使用するのは読者である。したがって、マニュアル完成の前に第三者の目で査読をしてもらうことは、非常に重要なのである。

また、実際に、制作したアニュアルを第三者に使ってもらう実地テストを行おう。この実地テストでは、第三者という異なる視点からのチェックができ、第三者にとっては説明不足な箇所や、操作解説が曖昧な箇所が明確となる。

最後に、査読と実地テストにより明確になった問題点を整理し、原稿に反映させマニュアルを完成させる。

●実地テスト

マニュアルは、正確な情報が述べられていなければ、どれだけ読みやすく簡潔に書かれていてもそれは失敗作だ。第三者がマニュアルに書いてあるとおりの操作が実現できて初めてマニュアルの意味を成す。

■演習問題

レイアウトと執筆規則を守り、マニュアルを作成してみよう。

表現の探求

わかりやすい表現

第3部では、マニュアル制作を通して「わかりやすい表現の仕方」を考えてきた。テクニカルライティングと呼ばれる手法において、「常に読み手を意識して簡潔に書く」ということが大切だと述べた。だが、読み手を意識することは、なにもテクニカルライティングに限ったことではない。そもそも文章を書き始めた時点で「読み手」が発生する。だから、小説だろうが論文だろうが、読み手のことを考えて書くことは当然のことである。たまたま、技術を解説するという特殊な分野に焦点をあてているが、何も特別な文法があるわけではない。

それでもテクニカルライティングは難しい。現役の私が言うのだから間違いない。なぜ難しいのか。それは、執筆者には、文章技術だけではなく、技術を理解する「理解力」と理解した技術を相手に伝える「表現力」が求められるからである。表現力については、文章を書く訓練をすれば次第に身に付くものだが、理解力だけは、訓練すれば身に付くというものではない。これは執筆者の頭脳に依存するところも大きい。つまり、マニュアルに取り上げる技術について完全に理解していなければ、本当の意味で相手が理解できる文章は書けないということだ。

私のようなテクニカルライターも、もちろん分野がある。例えば私は、コンピュータプログラミングは苦手だ。だからいくらプロとはいえ、自分が理解できないプログラムのことは絶対に書けないのだ。

今回、マニュアル制作演習の題材に「携帯電話」を取り上げたのは、テキストの対象読者は「学生」と聞いているからである。学生ならば身近な携帯電話を大人よりも使いこなしているだろうし、操作についても十分に理解しているだろうと考えたからだ。とりあげた題材についてすでに理解していたから、演習を進めることができたのだということを念頭において欲しい。

これからの情報化時代は、常にマニュアルやＷｅｂでの情報発信が求められる。情報を発信する側は、効率よく、そして正確に相手に伝えなければならない時代なのである。情報の内容が異なろうと、発信する側は、「発信する事項に対して十分に理解してこそ初めて相手に伝わる表現ができる」ということを覚えておくとよいだろう。

第4部

クリエイティブ ライティング
創造的な表現

　これまでのレッスンとはちょっと視点を変え、表現する自分自身を主題にした文章、ことばのもつ音感やイメージを生かした表現のレッスンを行う。自己をくぐった表現は強い。また鮮やかなイメージやエピソードは表現に深さや広がりを生む。論理だけでなく感性や想像力もきたえよう。相手にはたらきかける表現の工夫にはいろいろあるのだ。さらにここでは自分でできる本のつくり方についても紹介した。

第1章　自分史

Step ❶ なぜ自分史なのか

水道の蛇口をひねり、コップに水を注ぐ。水はやがていっぱいになりあふれだす。表現とは、コップからあふれる水に似ている。自己を見つめる意識のない人に、物事を創造することなどできない。内側に向かう力が満ちることで、はじめて外へ働きかける力が生まれる。自分の内なる世界と対話しよう。

その手始めとして、「記憶」を取り上げる。記憶はことばで書き留めなければ、いつか消え去るもの。自分が記さない限り、存在しない世界である。クリエイティブライティングの第一歩は、私を問うことである。

フランスの思想家ルソーは、歴史的事実について記録することより、自分の感情のつらなりを書き残すことに意味があると考え、魂の歴史『告白』を記した。この思考法は時代を超えた現代でも充分に通用する。

●年譜作り

ふとしたことがきっかけとなり、記憶が突然よみがえることが

❗ レッスンのポイント

- 表現する（express）の語源は、「果汁などを搾《しぼ》り出す」意である。技術的なことや方法を学ぶだけでは、表現しようとしても何も伝わらない。絶えず自己を問う姿勢が自然と表現することにつながる。
- 「記憶」というものは、おもしろい。どこかで無意識の世界とも関係する。子どもの頃のことを思い出す過程で、新たな自己が発見できる。

ある。それは匂いの時もあれば、ことばの時もある。「自分」をテーマにした文章を書くために、年譜作りからはじめる。

西暦	年齢	日本内外の出来事	自分史メモ
1985		イラン・イラク戦争激化、エイズが問題となる。スーパーマリオ・ブラザーズが流行。TV「夕焼けニャンニャン」。流行語「イッキ、イッキ」	
1986		チェルノブイリ原発事故、三原山噴火で全島民避難。流行語「いえてる」	
1987		国鉄民営化でJRに。霊感商法問題。『ノルウェイの森』『サラダ記念日』がベストセラーに。流行語「朝シャン」	
1988		青函トンネル開業、映画「となりのトトロ」がヒット。のりピー語が流行。	
1989		ベルリンの壁崩壊、消費税導入、天安門事件、流行語「渋カジ」「はまる」「超」「めちゃ」「ツーショット」	

自分が生まれた年から現在までの年譜を作成しよう。図書館で資料を探し、上のような表を作る。①西暦、②年齢、③日本内外の出来事、④自分史メモ、の順に記入する。はやったあそびや流行語などを入れると、オリジナル年譜が完成する。

レッスンのポイント

年譜作りの留意点

・日本内外の出来事

政治、経済、文化など、すべてを記入する必要はない。あくまでも自分と関わりのあった出来事を書く。

・サブ・カルチャー

出来事の欄にサブ・カルチャーを入れるのも楽しい。ファッション、音楽、流行語など当時何に興味があったのかを記入する。

・自分史メモ

けがや病気をしたこと。近所で起きた事故や事件。家族旅行など非日常的な体験などを記入する。

Step ❷ 自分史を書く

●材料集め

時間を限定し、より詳しく過去の自分を再現しよう。

子どものころの記憶はあいまいなものである。想像をめぐらすだけでは、事実とかけ離れてしまう。そこで、家の中にある資料を見つけ、それを手がかりに記憶をたちあげたい。

家の中に眠る宝物には何があるか。

①卒業アルバム、文集
②教科書、ノート、夏休みの宿題帳
③図画工作
④旅先での入園券、切符
⑤当時の声が入ったテープやビデオ

●自分史風のエッセイを書く

年譜作りと材料集めを頼りに、今度は「自分」を主題にした文章を書いてみよう。記憶から取り出した三つの風景を並べ、自分史風のエッセイを書く。

ある共通点をもった三つの記憶を並べる。時を隔てた記憶でも

レッスンのポイント

一、材料集めと整理

材料を見つけ、記憶が再現できたら、すぐにメモをとる。せっかく思い出したことも、時間がたつと、すぐに忘れてしまう。カード形式の用紙にファイルし、いつでも取り出せるようにしたい。

二、材料の使用方法

集めた材料（資料）はどれも貴重なものである。そのまま使い、紛失しては困る。カラーコピーしたり、デジタルカメラで保存したり、工夫をしたい。材料と記憶のメモを合わせるだけで、見て楽しい「作品」が完成する。

三、自分史の方法

小学校時代の記憶のたちあげ方

①身体が過去を記憶するという。夕焼けの赤、レモンの香り、給食のカレーの味、川の水

構わない。三つの記憶が響き合うことで、あなたの世界がそこにあらわれる。例えば、「味覚」に関連する少年時代の記憶を思い出してみよう。①夏に海水浴へ行き、食べたスイカの味。②旅先で食べたとうもろこしの味。③田舎へ行くと、必ず祖母が作ってくれる栗ごはんの味。

三つの「像」は直接関連がなくても、書き手の意識の中で、つながりが生じて、〈世界〉がそこに現出する。

次のページにあるワークシートを見てほしい。ワークシートに思い出したことをメモするうちに、自分の中で書きたいことが自然と形になる。ことばを思い浮かべるだけで、まるでアルバムのように「像」が集まる。

●タイトルを工夫する

「七・五・三」というタイトルはどうか。祝儀としての「七五三」ではない。数の記憶である。「七夕」「五階の教室」「かけっこ三位」とタイトルをつけると、小学校時代の風景がよみがえる。「一人で」というタイトルはどうか。子どもの頃に味わった不安や恐怖がたちあらわれる。

タイトルを工夫すると、そこに独自の世界が生まれる。

の冷たさ、鶯《うぐいす》の声など五感を使って、当時の状況を再現する。

②かつて遊んだ場所を訪れるのもよい。校庭、遊具、公園、子ども時代のある場面が思い出せないか。

③いつまでサンタクロースを信じていたか。その頃信じていたことを思い出す。

④他人の目に見えるように書く。読み手を意識することで、自分でもその「像」がはっきりする。

⑤文章は短く簡潔に書く。あれこれと欲張らず、ある時、ある場に絞る。

■演習問題

ー自分史風のエッセイを書くー

上段にあるやり方を用いて、小学校時代の記憶を自分史風のエッセイにしてみよう。タイトルを工夫し、八百字程度の文章を三つ書いてみよう。

ことばを思い浮かべるだけで、次々と記憶がよみがえる。

（小学校時代の記憶をたちあげる）

年　　月　　日　氏名＿＿＿＿＿＿＿＿＿＿

1、視覚……例）今も記憶に残る風景	2、聴覚……例）音の記憶 ①電車の音 ガタンゴトン　②小鳥のさえずり ③水の流れる音
3、嗅覚……例）「香りの記憶1・2・3」	4、味覚……例）「給食の思い出」
5、触覚……例）「子どもの頃に触れた生き物」①ざりがに　②ハムスター ③猫	6、怖かったこと
7、病気や怪我	8、緊張したこと

第2章　モノ語り――モノを通して自分を表現する

Step ❶ モノ語りとは何か

自分を人前にさらすのは苦手な人がいるだろう。何も直接自己を語ることだけが表現ではない。この章では、自分と関わりの深い身近にある「モノ」に焦点を当て、文章を書く。

エッセイを読み、書き手の強烈な個性を感じた経験はないか。書き手のモノを見つめる視線や、モノに表れる書き手の独自性がにじみでた文章は読んでいておもしろい。

現代はモノが消費される時代である。「使い捨て」が当たり前となり、モノに価値を見出す人も少ない。

しかし、資料を集め、分析を加えると、思いがけずモノにまつわる背景が浮かびあがる。周囲にある何気ないモノに焦点をあて、モノにまつわる歴史や意味を再発見しよう。発見のある文章は、読み手の心に必ず届く。

モノに仮託し、自分が感じたり、考えたりしたことを語る。これは、モノを通して自分を表現することでもある。これが、「モノ語り」作成のねらいである。

❗ レッスンのポイント

・創造物としてのモノ

モノは自然界に存在しない。人間が創り出した人工物である。存在しないものを人間の脳が生み出したのだから、モノほどクリエイティブなものはない。モノと人間の関係を見つめ直そう。

・モノ語りのヒントとなる参考文献

柏木博著『20世紀を作った日用品』は、様々なモノにまつわる歴史が書かれていて、興味深い。例えば、ゼムクリップ。これは、針金を三回曲げるという単純な発想から生まれた、すばらしい発明品である。じっくりとモノと対峙すると、こうした創造性豊かな部分を発見できる。

Step ❷ 「モノ語り」作品例

実際に学生が書いた「モノ語り」のアウトライン、及びその文章の一部を紹介する。

②
私は扇をコレクションしている。といってもまだ数本だが。ちひさきものはみなうつくし、小さな扇の中にいろんな絵があってなかなかかわいい。私のもっているのはみな茶扇子。

そう、私はお茶をやっている。ガラにもなく。もちろん超へたっぴ。……

③
扇子の形のルーツはなんと日本。みなさんご存知だったろうか。世界で最初に扇子を作ったのは日本人なのである。平安初期に発明され、平安後期には中国（当時は宋）

⑦
会ふぎ
さて、このコミュニケーション・ツールとしての扇、歴史的仮名遣いで書くと「あふぎ」である。それはしばし「会う」あるいは「逢う」という意味との掛詞として用いられた。
『和泉式部集』より
水無月のつごもり方に六波羅の説教聞きにまかりたる人の、扇をとりかへてやるとて
白露におきまどはすなあきくとも法にあふぎの風は異なる
……

⑨
ヨーロッパで扇文化が花開いたのは、十八世紀、ロココの時代である。宮廷、ここで扇は、恋愛の

にも輸出されていた。輸入ではない、輸出である。日本は聖徳太子の時代以来中国文化を取り入れてきたが、扇だけは例外、逆なのだ。日本人はモノマネばかりでOriginality がないと言われるが、扇は正真正銘の Made in Nippon。

……

④ では、日本においてどのように扇子というものが生み出されたのだろうか。
　笏というものをご存知だろうか。聖徳太子が持っているアレである。笏は中国のものだ。周の武王の時代にはじまり、日本には奈良時代、元正女帝の御世に、公に使われはじめる。……

―逢ふぎ―
⑧機能2
―MEMO and Short Mail―
⑨使用法2
―たかが男と女、されど…―
―AHUGI＝
2ケータイ×モバイル／2―
⑩歴史1
―扇でたどる西洋美術史―
1肖像画　2風俗画　3近代画
⑪提案
―『iモード』は末広がり―
⑫歴史2
―晴れたらとじるもの、傘、
扇―
―神をあおぐ扇
⑬エピローグ
⑭参考文献

ための小道具であった。貴婦人は競って扇を手にした。何よりもその扇をあおぐしぐさが、他のどんなアクセサリーよりも女性の美しさを引き立たせ、男性の視線を引きつけた。……

⑩ ところでこの扇文化、何かに似ていないだろうか。もうお気付きだろう。
　そう、ケータイ電話である。

　ケータイ電話はもともと外国から入ってきた。そしてそれはあらかじめビジネスシーンで使われることを予想され開発されてきた。笏ではないか。

　その後、ケータイ電話は日本において予想外の広がりを見せた。

……

Step ❸ モノ語りを書く

●材料探し

「扇」を参考にして、今度はあなた自身がモノを探す。家、学校、街中を見回すと、生活に密着したモノがあふれている。そこから、私と関わりの深いモノを選ぶ。

扇のように、昔からあるモノには文化、伝統が染み着いている。単なる涼を求める道具ではなく、メモ機能、恋人へのサイン、舞の小道具など、筆者は調べる過程で次々と新たな意味を見出す。

●モノ語り作成の手順

学生作品例である「扇」は次のような作成の手順に従って書かれたものである。

①○○（モノの名）と私……私とモノとの関わり。ここはあくまでもモノと自分との接点など個人的な体験を書く。

②起源、歴史、変遷……モノが誰によって作られ、どんな形で進化していったのか。

③製法……モノを開発した人、発明した人のコンセプトやエピソード。ここに多くのドラマが隠されている。

! レッスンのポイント

一、材料探しにはこだわりが大切

材料探しにはこだわりをもちたい。私と関わりのあるモノを探す。机の上を見てほしい。鉛筆、消しゴム、定規、万年筆など、挙げればきりがないほどモノがある。どれを選ぶかがモノ語り作成の第一歩である。

二、モノ語りに含まれる表現の要素

・モノ語り作成の手順には、様々な表現の要素が含まれる。

①にみられる表現の要素

私とモノとの個人的な関わりを書く。なぜ、モノに興味をもったのか。日常でどんな使い方をしているのかなど生活に密着したところを書き記す。これはエッセイ調の叙述になる。

②～⑤にみられる表現の要素

この部分には、資料で調べた内容を記す。原文から引用も多くなるだろう。従って、

④質・形・機能・デザイン……モノは短期間で次々と改良され、新製品となる。モノはどう進化するのか。
⑤使い方……使用説明書、使用体験、ちょっと変わった使い方
⑥イメージ・エピソード
⑦○○物語・○○考……○○が登場する創作物語、考察、提案
など

●資料を集める

図書館で百科事典、モノの起源が書かれた本（『明治事物起源』『西洋事物起源』）、専門書、新聞の復刻版などを探す方法や、インターネットでモノについて検索する方法などがある。詳しくは第1部第3章を参照。

●発表形式

作品作りが完成したら、今度は発表の形式を考えよう。数人のグループで複数のモノ語りを印刷すれば、りっぱな本になる。これは、第4章を参考にする。また、他の発表形式もある。例えば、第7部のスライドを用いたプレゼンテーションの形で報告するのも説得力があり、おもしろい。

叙述は論文調になる。

⑥〜⑦にみられる表現の要素

ここは、再び自己との関わりの多い部分。○○が登場する物語は、まさに小説風の叙述になる。

三、資料の便利な整理方法

集めた資料はパソコンで整理するのが便利である。写真や図、音声などを保存して、いつでも取り出せるようにする。

■演習問題

モノ語り作成の手順に従い、私のモノ語りを書こう。①から⑦をもとにアウトラインを考え文章を構成しよう（なお、すべての項目を含まなくてもよい）。

第3章　創作

Step ❶ 俳句を作ろう

●十七音の魅力

俳句は、世界最小の言語芸術である。日常生活の中で見過ごしているものが、周囲にはたくさんある。偶然発見したことを誰かに伝えようとする時、それが意外と難しいことに気付く。自分が目にしたものをそのままことばにしても感動は伝わらない。ことばを吟味し精選することで、はじめて切り取った世界が輝きだす。

俳句はおもしろい。十七音に刻み込もうとする意思が働くと、自然とことばで世界を捉える力が身につき、詠み手のものの見方や感性が磨かれる。十七音で世界を切り取ってみよう。

●俳句は難しくない

スケッチブックかカメラを手に持ち、外に出てみよう。キャンパス内を散策するのもよい。街中を歩くのもよい。見慣れた場所を新たな気持ちで歩くと、季節を感じさせるものがたくさん目に

❗ レッスンのポイント

俳句には専門的な知識が必要である。こう考えてしまうと、句を詠む気にはならない。肩の力を抜こう。近年俳句は国際化して、世界の人々がＨＡＩＫＵを作るようになった。「地球歳時記」がその一つ。世界の子どもたちが自国のことばで詠んでいる。この本の楽しさは、俳句に添えられた手書きの絵の魅力である。手にして心があたたかくなる。これを句集作りに応用したい。

入ってくる。

対象が決まったならば、さっそくスケッチや撮影をする。この時、意識したいことがある。自分が美しいと感じるものをただ漠然と写しても、その美しさを表現することは難しい。四角い画面に対象を収めるために、構図を考え、光と影を意識し、余分なものを取り除かなければならない。眼前にある世界を自分の感性で、ある角度から切り取るのである。画面にある対象が絞られることで、製作者の意図が受け手に伝わる。

この技法を俳句にも応用してみよう。

俳句は対象を必要最低限のことばで表現する。ことばを区切り、省略することで象徴性が生まれ、句に広がりが生まれる。まさに省略の文学である。

ここで、俳句の一つの技法を紹介する。俳句の基本は写生といわれるが、先に述べたように、対象をそのまま写し取ることではない。自分が見たままをことばにすると、ことばがつきすぎてしまい、対象がぼやけてしまう。ことばを省略し、意識的に離す。試みに二つのかけ離れたものを句の中に取り合わせてみよう。関係のないものを詠み手が意図的に結びつけることで、詩情が生まれる。これを「二物衝撃」という。

絵や写真には、余白がある。俳句も同じように、対象の背後に世界がある。堅苦しく考えず、俳句の技法を学ぼう。

学生の作品

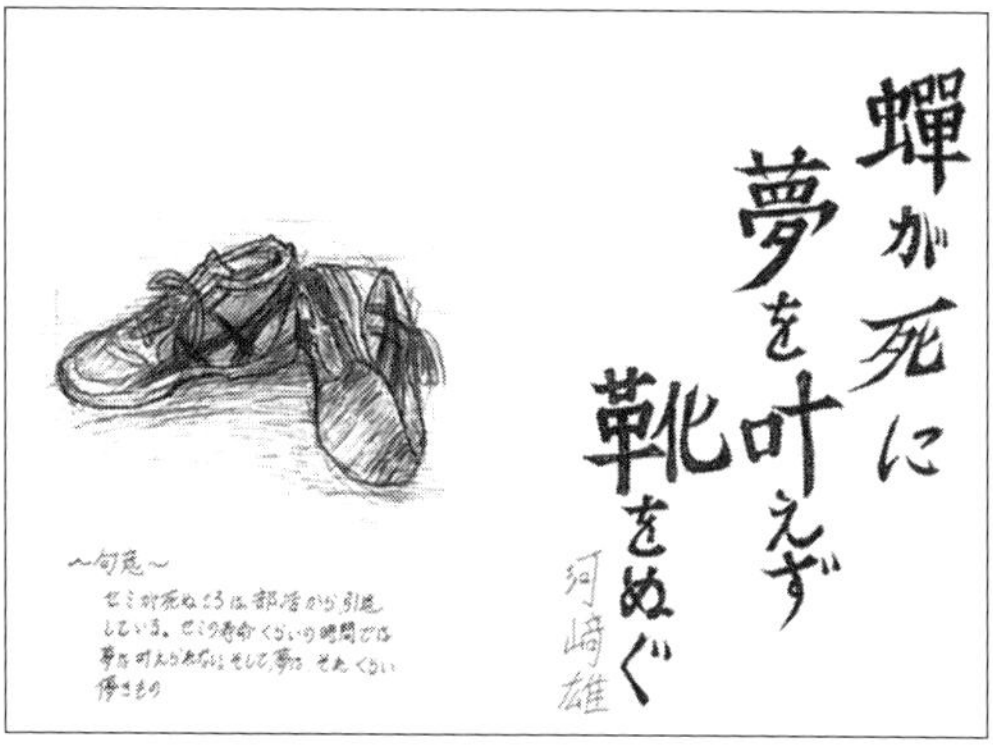

■演習問題

はじめに身近な自然をスケッチするか、写真に撮る。次に同じ題材を五・七・五で表現する。絵や写真とことばでは、同じ題材であっても、切り取る方法が違う。どう違うのかを考えてみよう。

Step ❷ 句を詠もう

●俳句の決まりごとを知る

①五・七・五の定型に従う

字余りの句や定型によらない句もあるが、あくまでも定型を基本とする。決められた型に、ことばを圧縮することで、内的な緊張が生まれる。

②季語を見つける

歳時記を見ながら、季語に親しもう。季語は今まで多くの人に親しまれてきたことばであり、それだけで広がりをもつ。従って、季語を説明するようなことばは入れないほうがよい。

③切れ字で深める

「や」「かな」「けり」が基本。切れ字により句切れを作ることで、句に広がりや情趣が生まれる。むやみに使うと紋切り型になる。切れ字を使わず、名詞を最後にすれば言い切れる。

④感情の表現

「うれしい」「寂しい」などの感情表現はむやみに使わない。感情を誘った事物そのものを叙することを心がけるとよい。

⑤比喩

比喩は意外性があり、効果的である。しかし、使い方に注

! レッスンのポイント

・歳時記をひらく

歳時記とは、季語を集めて、分類配列し、解説を加えた書物のことである。春夏秋冬と新年という分け方をする。日本人の生活感覚がここに凝縮されている。

■演習問題

次に挙げることばが、春、夏、秋、冬、新年のうち、どの季節に属するか調べてみよう。

朔風（さくふう）／金風（きんぷう）／福寿草／高きに登る／お水取／草いきれ／山笑う／十六夜／滴り

意したい。「擬人法」や「見立て」は句を月並みにすることが多い。

⑥類句

自分がよいと思っていた句が、すでに書かれていたということもある。歳時記で似た句がないかを確認しておく。

⑦表記

漢字、ひらがな、カタカナのいずれを使うかで、句の印象が変わる。また、歴史的仮名遣いか現代仮名遣いかでも印象が変わる。こだわりをもとう。

●句集を作る

次章を参照し、句集を作ろう。個人の句集でもよい。仲間数人と同人誌を作るのでもよい。

本にするからには、読者が楽しめるものにしたい。ただ句が並んだ句集より、絵や写真の添えられた本は見栄えが違う。手作りで、オリジナリティあふれる句集を作りたい。

絵・写真を入れる時に注意したいことがある。句のイメージそのままの絵や写真は避ける。一見、句と絵・写真は直接結びつかないが、どこか深くで響きあっている。そんな紙面にしたい。

・推敲と吟味

推敲、吟味も大切である。何度もことばを入れ替えてみることは、句を作る上で大切な作業である。ことばの吟味は欠かせない。

■演習問題

俳句を愛好する人は、世界的なレベルで増えている。従って投稿できる場も数多い。自分の詠んだ句を数句選び、投稿してみよう。批評を受けることで、さらに創作意欲が生まれる。

第4章　本を作る

Step ❶〈作品〉になること

自分の書いた文章を発表し、読者から「おもしろかったよ」と感想をもらえたらうれしい。反応があるからこそ、表現意欲がわく。この章では、自分の表現したことを作品化する方法を学ぶ。ことばを世界へ向けて発信しよう。

●様々な発表の形式

第4部では、自分史、モノ語り、創作とクリエイティブライティングについて演習を行った。感性を生かし、独自の表現を模索しても、それを他者へ届けずに終わってはつまらない。様々な場を求めて、自己を世界にひらきたい。どんな方法があるのか。

①レポート・論文としてまとめる
②論集にする（本を作る）
③口頭発表（プレゼンテーションなど）
④ホームページの開設
⑤各種機関への投稿

！レッスンのポイント

・発表形式の違いにより、叙述や構成が変わる。効果的な表現を模索する。
・映像や音を取り入れた発表であっても、重要になるのは、ことばによる表現である。
・発表する内容が生きるような、伝え方の工夫を考える。
・手書きではなく、パソコンを使って入力する人もいるだろう。推敲する時は、文書を上書きせず、二稿三稿と新規に保存をし改稿するくせをつける。
・原稿を書いた後には必ず推敲する習慣をつけたい。推敲は文章上達のための必須条件であ

●作品化へ向けて

　具体的に作品化するとはどういうことか。ここでは第1章で学んだことを例に、〈作品〉になることを考えてみよう。

　作品化で大事なことは、構想である。材料をどう配置し、受け手にどう伝えるのか、吟味する。内容が充実していても構成が悪いと受け手はあきてしまう。しっかりとした方向性を出す必要がある。

　試みに自分史を冊子にまとめる構想を練ってみよう。

　まずオリジナル年譜を最初に配置する。ここでは、少年時代を読者に俯瞰《ふかん》してもらう。次に、数枚の写真と絵で構成された紙面を作る。ここは、目で訴えるページ。写真や絵の下に、短いコメントをつけ、ページ全体にストーリー性が生まれるようにレイアウトする。数枚の写真を連続することで、少年時代がリアリティをもって受け手を刺激する。

　そして、最後に自分史風のエッセイを三つ。ことばで切り取った三風景が並ぶ。今を生きる私が、過去の私をどうとらえているのかがにじみでる。

　このように年譜、写真、エッセイと構成するだけで、ささやかな冊子が受け手に向けて独自の世界を提供する。これが作品化のおもしろさだろう。


る。読者の立場になって、書いた文章を読み直したい。

一貫性と変化

　作品が単調で、変化なく構成されていると、読者は最後まで読まずに、冊子を放り出す。また、書かれている文章がばらばらで、テーマが明確でないと、読者は何のための文章かと失望する。

　一貫性を持ちながら、変化に富む文章を目指したい。

クリエイティブライティングについて

　表現する者が、世界をどう見つめているのか。そして、それをどう他者に向けて発信しようとするのか。この二つを明確にすることがクリエイティブライティングには、強く求められている。

Step ❷ 本を作る

情報化社会とはいえ、作品化する上で、最もオーソドックスで力があるのは、やはり「本」であろう。ここでは作品化の代表、本作りを学ぶ。

レポート・論文など、書いた原稿をそのまま提出していないか。少し手間をかけるだけで、見違えるような作品になる。難しいことではない。原稿に表紙をつけるなど、本の体裁を意識するだけである。時間をかけて書き上げた原稿に光をあてるためにも、工夫したい。

一冊の本を手にする時の気持ちを想像してほしい。扉を開き、目次を見て、本文に入る。形が整うと読者の読む姿勢が変わる。

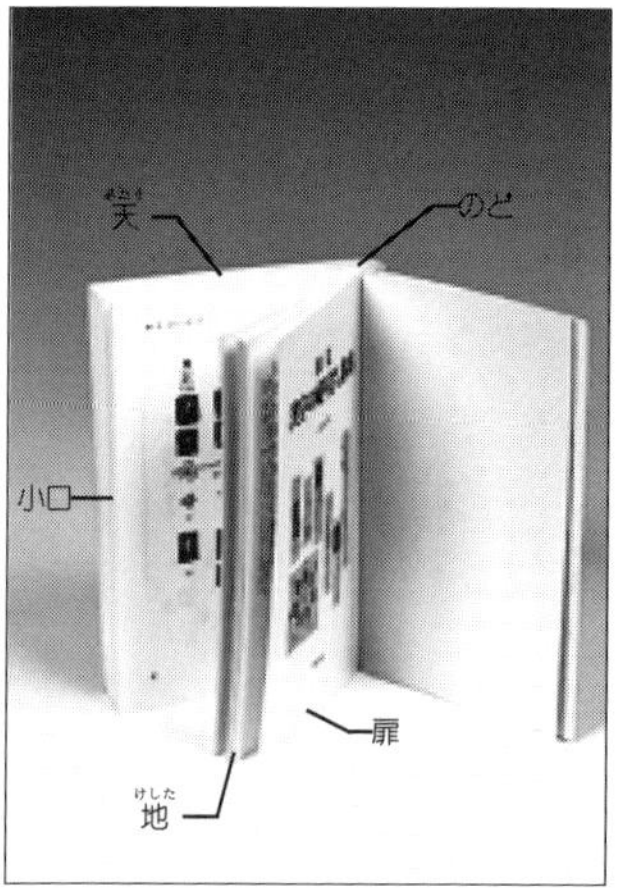

本の各部の名称

レッスンのポイント

本の体裁にするために必要なこと

- 表紙（タイトル、著者名）
- 扉
- 初めに
- 目次
- 本文　一章、二章……
- 終わりに（謝辞）
- 参考文献一覧
- 奥付（発行年、発行者名・住所など）

まず原稿を同じ用紙の大きさにコピーする（提出用と保存用に2部作る。写真や絵を入れる時は、カラーコピーにする）。これをホチキスでとじても冊子になるが、袋とじにして製本器でとじたい。これで手作りの本が完成する。

●句集を作ろう

■**絵を入れる場合**
句のイメージに合った絵を描く。繊細な鉛筆のデッサン、絵の具や色鉛筆を使うなど、画材の効果を考えよう。

■**写真を入れる場合**
句のイメージに合う場面を撮影する。また、アルバムの中から、すでに撮った写真を使うのでもよい。

■**版下を作る**
印刷できる状態になった原稿のことを「版下」という。

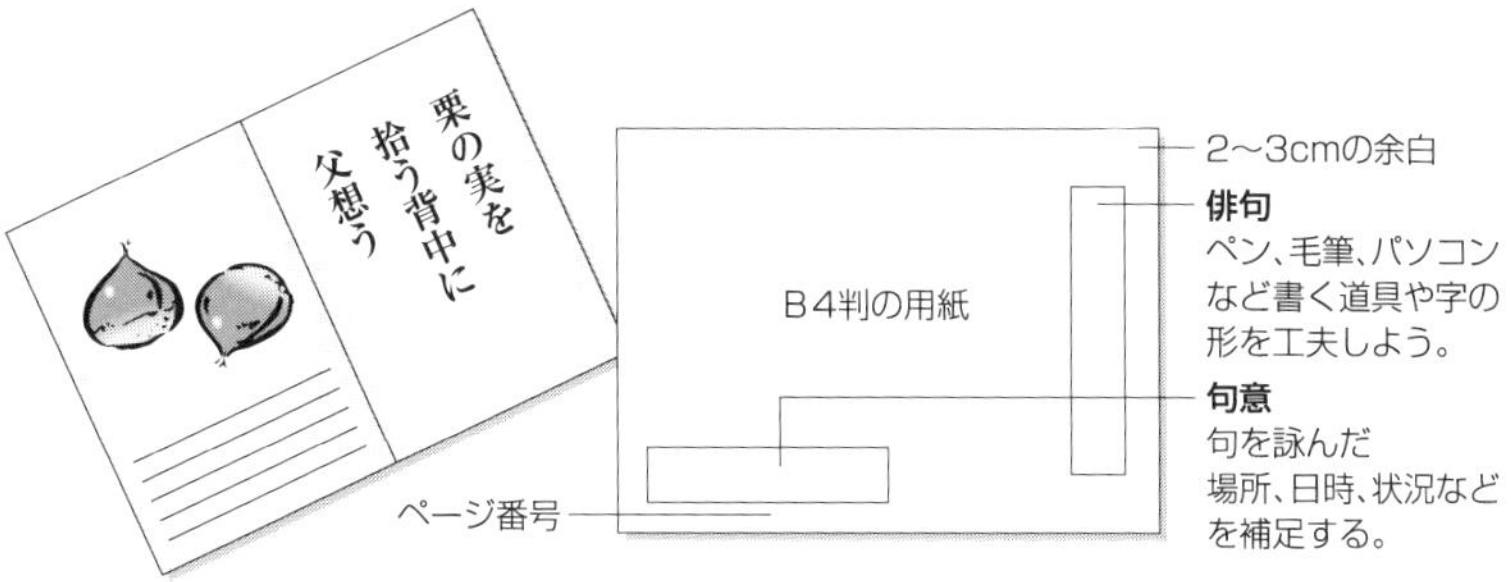

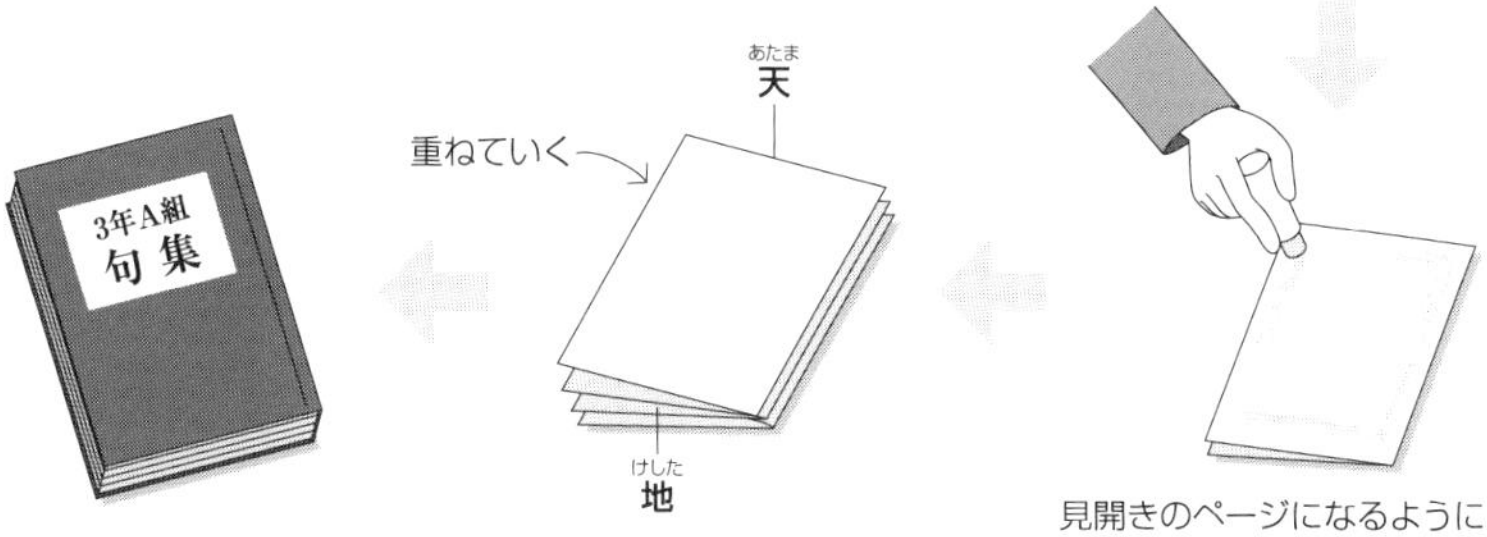

見開きのページになるように、一枚一枚のりづけをする。

■**編集する**
・句集のタイトルを決める。
・順番を考え、ページ割りをする。
・前書き・後書きを作る。
・目次・奥付を作る。

＊奥付…本の最後のページに書名・著者・発行者・発行年月日を印刷したもの。

■**印刷する**
版下をカラーコピーする。これを一枚一枚のりづけして本にする。（版下は自分で保存）

■**製本する**
一枚一枚重ね合わせたものに表紙をつけ、製本する。
最後に、天と地を断裁するときれいに見える。

表現の探求

関係に働きかける表現

ちっぽけな私の心に浮かんだことば。それは世界のどこかで、既に誰かが発したことばに過ぎない。社会の中で、人に影響されながら私が存在しているのでしかない。所詮、どうあがいても、クリエイティブになどできない。せいぜい背伸びして、教室の中の小さな集団で目立つのが精一杯。所詮《しょせん》、自分の脳で考えたことなど何もない。こう考えてしまうと息づまる。

私がここにいようといまいと、世界は現としてある。誰もが同じように見える世界。しかし、隣に座る友人と、すべてが同じに見えているとは考えたくない。私には私に見える世界の「像」がある。その「像」の解釈が違うから、人との差異も生まれるのだろう。

そこで先人がどのように世界を見つめていたのかを参考にする。あえて人の視点を借りる。世界をある角度から見つめる、その手法に学べば、いままでぼんやりとしていた世界が輪郭をもち始める。これは自分からことばを発するきっかけになる。

ここを出発点とし第4部を構成した。

過去の自分を現在の地平から眺め返す手法。これが自分史。私を「過去（記憶の中）の私」と対峙させる。

モノを通して自分を表現する。モノにまつわる背景を調べることで、モノの価値を再発見する手法。これがモノ語り。

世界を五・七・五の十七文字で切り取る手法。これが俳句。

そして、これらを一つの作品（本）にするというのが第4部の構成である。

「こんなのクリエイティブライティングではない」という声が聞こえてきそうである。だが、クリエイティブな世界へ向かうための、その入口となる問題は取り上げたつもりである。

ことばとは、本来他者に向かって働きかける機能をもつ。しかし、こうした働きかけを意識できずに私たちは生活する。

表現において大切なことは、自分の発信したことばが他者に届いたという実感である。もし自分の書いたものが、人を喜ばせ、笑わせ、泣かせたのならば、その反応を見て、「次にはこうしよう」と考えをめぐらす。つまり、ここに表現を生む「思考の源」がある。ことばを発しようとする欲望が、手を動かす。

文章を書く時には、必ず書き手を動かすある力が働く。思考したことを、誰かに向け投げかけようとする。たとえ短い文章であっても、プロの書き手は、何を題材にするか、どんな技法や効果を考え、読者に伝えようかということを絶えず意識する。これを手法として取り出せれば、自分も同じ視点で、世界を見つめ直すことが可能になる。難しく考えなくてよい。視点をずらし、題材を追う。同じ思考法をたどれば、自然と目に入るものがある。そして、手が動く。題材が変わり、書き手の感性が違うのだから、参考にした文章とは異なる世界がそこに生まれる。意識的にオリジナリティを出そうともがかなくても、自然と個性のにじみ出た文章となる。これは盗作ではない。手法を学び、新しい作品を創る行為である。

文章読本を紐《ひも》解き、作法を学ぶだけで創作ができれば楽である。文章から生きた手法を取り出し、その勢いをばねに、自らの脳を動かす。こうしたしかけを第4部に散りばめてきた。

人と異なる、全く新しいものを創造しようとしても苦しい。意識的に個性ある文章を書こうとしなくても、自然に人との差異はにじみでる。それよりも、書いたものを受け手にどう届けるのか。ここを出発点にするだけで文章は変わる。受け手を意識した文章の書き方を忘れてはならない。

文章を書いた後、人からの批評を受けることで、次に書く意識が変わる。ある評価を受けることは怖い。結果が出る。成功、失敗というスリリングな反応を突きつけられる。それを恐れず、まわりの反応に身をさらす。評価が低ければ、なぜ、書いた文章が受け手に届かないのかを考える。反省点が多いほど、次に変わる可能性がある。

人に届かない表現には、届かない理由がある。それは書き手の人格とは関係がない。他者に届けるために、自分をさらけだす必要はない。自分の思考を提示することで、人はそこに個性を感じる。

これは自己演出と違う。また、文章を書くことを技術論にすることでもない。確かに人が主体的に文章を書くことは、より深淵な世界であり、単純にできることではない。作家はみな命がけで、主体的な表現を追い求めている。しかし、そこまでいかないとクリエイティブライティングにならないとすると、苦しい。ことばの本来の機能は、他者への働きかけである。そこからスタートし、少しずつ前進するしかない。

コラム

自己発見の物語

不安ばかりが先行する世の中、空っぽな自分が向かうところはどこなのか。

夏目漱石は明治四十四年「現代日本の開化」の中で、「開化が進めば進むほど競争が益《ますます》劇《はげ》しくなつて」「生存競争から生ずる不安や努力に至つては昔より楽になつてゐない」と述べた。

では、二十一世紀を迎えた今日はどうか。村上春樹は、現実がどこかへ遠ざかり、主体を喪失させた人物の物語を書き続ける。

人は、今をどう生きればよいのか。「私探し」がブームだと聞く。普段の自分は本当の自分ではない。真実の自己は他にある。このように現実と切り離されたところで、全く違う自分を見つけようともがいてしまう人が多いようである。

香山リカは、精神科医の立場から私探しの危険性について警鐘をならす。日本はバブル全盛の時代から崩壊へ（「モノの時代から心の時代へ」）人々の関心が移行した。ボランティア、資格取得、自己啓発、新興宗教への入信など様々な形で私探しをはじめる。そして、本当の私はもっと他にいると理想の自己像を追うようになったと分析する。

また、哲学者の鷲田清一は他者との関係の中で、自己を捉えるべきであると主張する。「だれかある他者にとっての他者のひとりでありえているという、そうしたありかたのなかに、ひとはかろうじてじぶんの存在を見いだすことができる」（『じぶん…この不思議な存在』、講談社現代新書、一九九六年）

何でもありの世の中、何を選択してよいのか分からない。自由が与えられているのに、不安ばかりが先行する。そこで鷲田は他者の存在を想定しようという。

二人が指摘するように、私探しの危険性については留意したい。

自己の問題を、他者との関係から深めていく方途は、決して簡単な問題ではない。しかし、この世を生きていく限り、「私」を問うことなしに生きられないのも事実である。

人は、いかに他者と出会い、自己を更新しつづけることができるのか。

近代や現代の作家と同じ地平では考えられないまでも、問い続けていくしかないのだろう。

第5部

声と身体を含めた総合的な表現

スピーチや、ディベート、イベントプロデュースなどの声や身体を用いた総合的な表現についてのレッスンを行う。ゼミ形式の授業で日々行われる発表の場面や、研究会および学園祭などのイベント運営に役立つスキルを身につけよう。学生生活がより充実したものに変わることだろう。また、ここでは就職活動に必要な、エントリーシートの書き方や面接の方法なども紹介した。

第1章　声のレッスン

Step ❶ 発音・発声

下を向いていたり、姿勢が悪かったりすると声は上手に出ない。そう、声は体全体を使って出すものなのである。まずは、姿勢から変えてみよう。背筋を伸ばし、上半身の力を抜いて、リラックスしていすに浅く腰かけよう。

次に、声を出すためには呼吸が大事だ。

●呼吸法

当然のことだが声を出すためには息が必要である。しかしこの呼吸が発声の基本である。聞き手にはっきりと届く声を出すためには、たっぷりと息を吸い、お腹から吐く。呼吸には次の三つがある。

腹式呼吸……横隔膜を上下させて肺に空気を出し入れする呼吸法。空気は当然肺に入るが、横隔膜が下がることでよりたくさんの空気を入れることができる。深い睡眠時には、自然と腹式呼吸になっていることが多い。しっかりとした発声に最も適した呼吸法。

❗ レッスンのポイント

一、呼吸法の練習

・まず、体をよく伸ばしてから、何度か深呼吸をしてみよう。

・つぎに、二人一組になって、一人が仰向《あおむ》けになり腹式呼吸を行う。丹田に意識を集中し、ゆっくりと長く呼吸する。もう一人は、腹部の上下を確認する。胸部や肩が上下する場合は、指摘し、押さえてやる（交互に行う）。

・その際の呼吸を「S」音で行うとよい。「す」ではなく、軽く口を閉じ、前歯の裏に舌を軽く当てる感じでお腹から息を吐くときに自然に出る音。声帯を使わずにできる。

胸式呼吸……肋骨《ろっこつ》を広げることにより肺に息を入れる呼吸法。「たくさん息を吸って」と指示をするとお腹をへこませて肋骨を上げ、胸式になる場合が多い。しかし、これではたくさんの空気は入らない。

肩式呼吸……肩を上下させることで肺に息を出し入れする呼吸法。激しい運動直後の呼吸。発声には適さない。

腹式呼吸の図

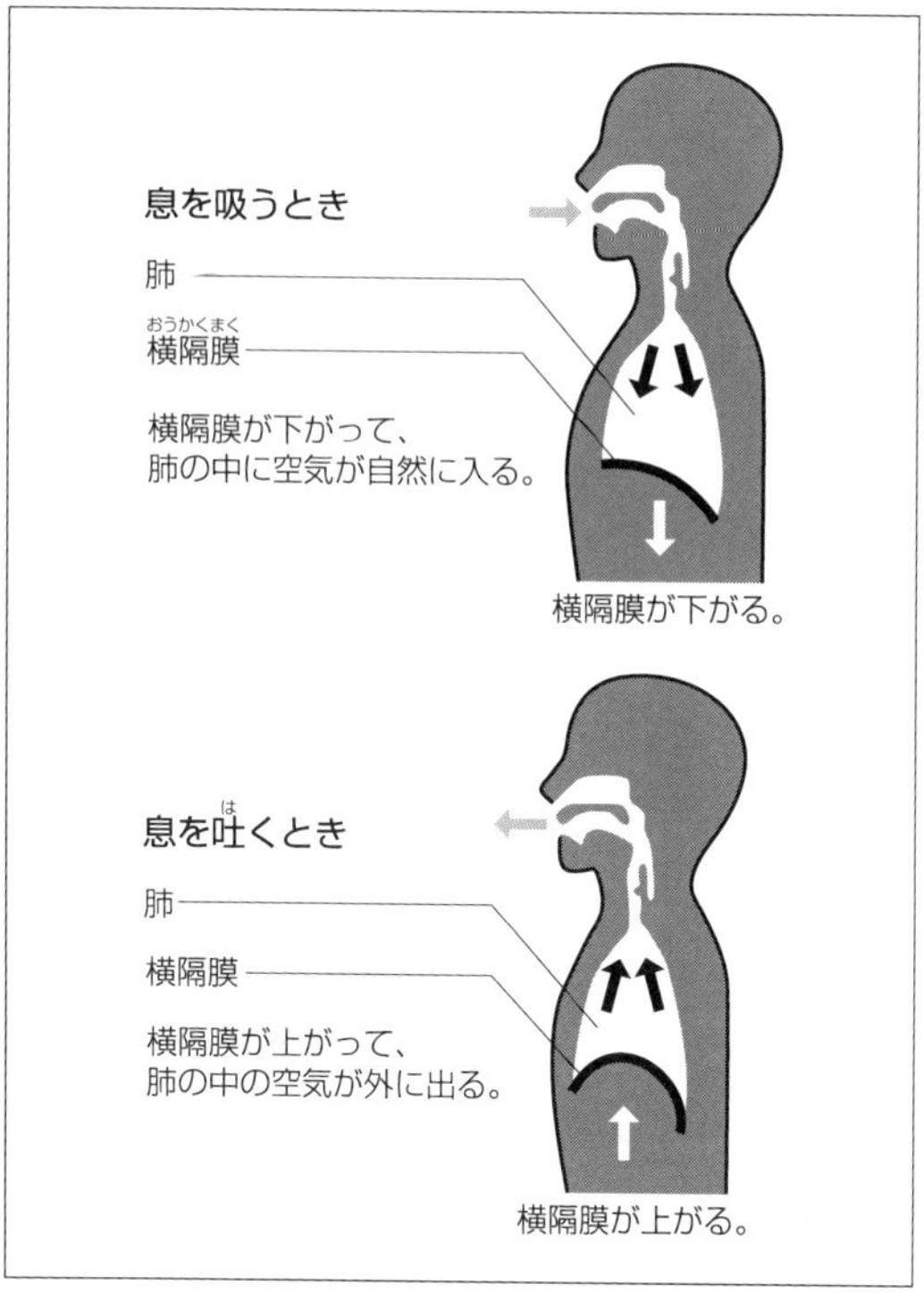
息を吸うとき
肺
横隔膜《おうかくまく》
横隔膜が下がって、
肺の中に空気が自然に入る。
横隔膜が下がる。
息を吐《は》くとき
肺
横隔膜
横隔膜が上がって、
肺の中の空気が外に出る。
横隔膜が上がる。

二、発声と発音

①腹式呼吸で、五母音（アイウエオ）を順に一音ずつ、息が続く限り長く発声してみる。
②次に、一音ずつ短く区切って発音する。
③唇を閉じたまま、五母音の発音をしてみる。正しい口型が発音をつくることがわかる。

■演習問題

次に挙げる早口ことばを、腹式呼吸と、一音ごとの発音に留意して、声に出して読んでみよう。

①規格価格か駆け引き価格か。
②瀕死の使者が渋谷から日比谷へ必死で疾走した。
③瓜売りが瓜売りに来て瓜売り残し売り売り帰る瓜売りの声。
④はしにも棒にもかからぬ男が、橋を渡って川の端へ下りていった。

Step ❷ 音読の基礎

●意味のまとまりを読む

当然のことながら、文章は視覚で理解されるように書かれている。一方声というのは、肺から呼気を送り出し、声道を通って、口腔《こうくう》内で振動を起こして作られる空気の波動であって、きわめて物理的な現象である。

つまり、文字を声に変えるというのは簡単なことではない。それは、意味を声にすることだからである。

例えば、文の長さに合わせて息を吸わなければならないし、意味の切れ目に沿って声を出す工夫をしなければならない。単に字面《づら》を音にするのとは違った操作が必要になる。そうしなければうまく意味は伝わらない。聞き手が同じテキストを共有せず、耳だけで理解しなければならないとき、書かれている意味を分かりやすく音読するためには一定の「技術」が求められる。

具体的に考えたい。

わたしの車はセンターラインを大きく越えて前方から走ってきた車とぶつかった。

この一文を、相手の過失による事故だと分かるように読むため

❗ レッスンのポイント

一、ピッチ

上段の例文のように、係り受けの関係を声の高低で表すように心がけたい。この高低を調整しながら、自然なイントネーションをつけるように工夫をするピッチとは、人間が知覚する音の高低感覚を言う。アクセントも「高低」を意味することがあるが「強弱」と区別しにくく、音声学や音声分析では「ピッチ」が一般的に用いられる。

二、覚えておきたい音読・アナウンス用語

アクセント（accent）	強弱
イントネーション（intonation）	抑揚
ポーズ（pause）	間
プロミネンス（prominence）	強調
テンポ（tempo）	速度

にはどうすればよいか。また逆に、「わたし」の過失による事故として読むためにはどうすればよいか。

これは複数の意味に取れるいわゆる悪文だが、こうした極端な例の方が考えやすいだろう。

意味をはっきりさせるには音声の中で何らかの変化を起こすしか示しようがない。この場合は、わずかなポーズ（間）をどこに入れるかで係り受けが変化するので意味が変わってくる。つまり、この場合のポーズは、読点と同じ役割をする。ポーズの後は当然ピッチが高くなるので、高低差で係り受けを示すことになる。「わたしの車は」で切れ目を入れるか、「……大きく越えて」で切れ目を入れるかの違いである。

このように、文構造を捉え、係り受けに注意して、意味のまとまりを摑《つか》み、それを声で表現することがコツである。

では、次の文の構造（係り受け）はどうなっているだろうか。


緊急の課題として認識する必要があると言っています。

この文の場合、次々と下の語句に係りながら全体で、「と言っています」に係っていく。「として」や「する必要が」など、意味と関係なくピッチを上げないようにする。

三、文の係り受けを声で表す

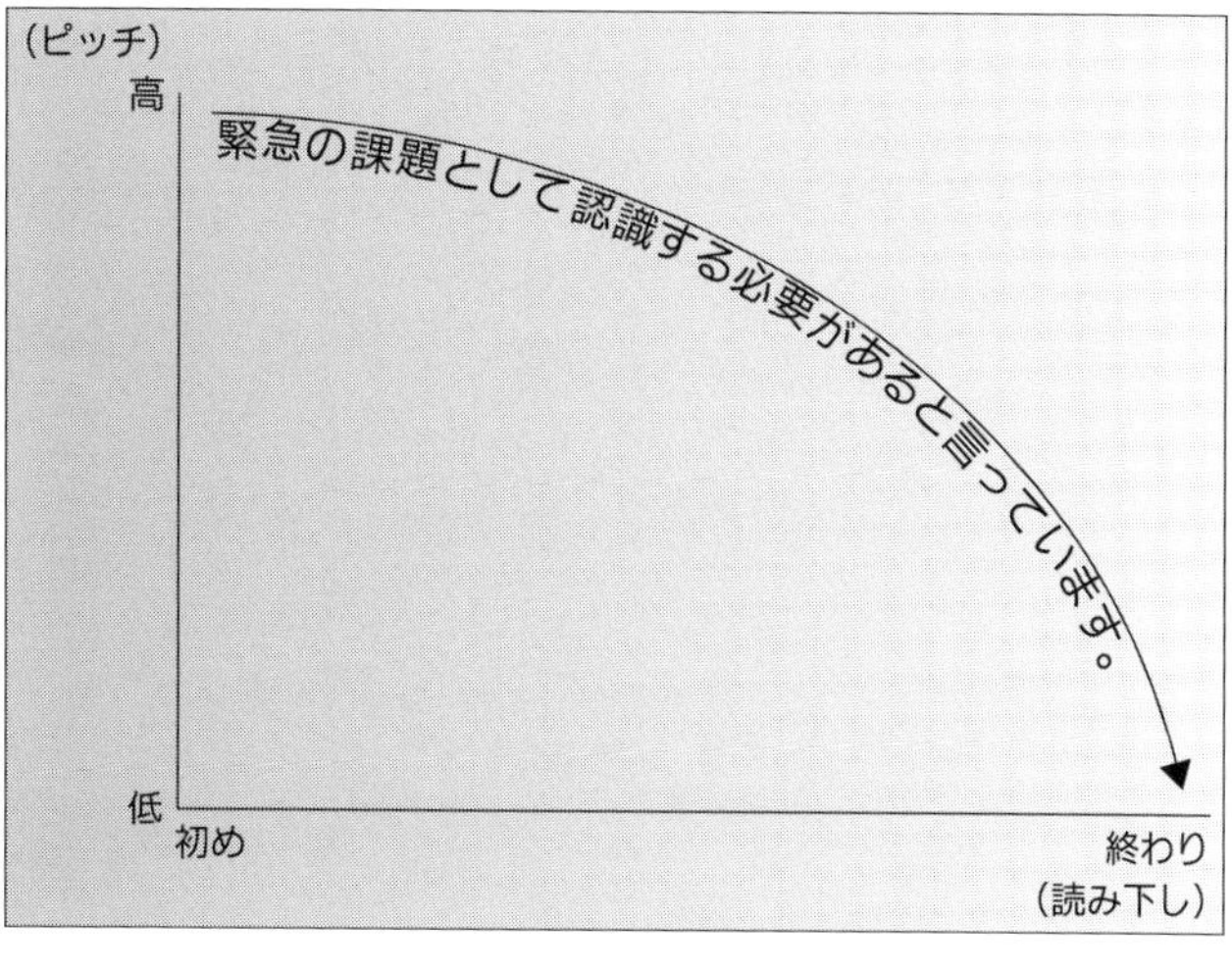

以上をふまえて、次に挙げる文例を実際に声を出して音読してみよう。

まずは文の構造を明らかにしたうえで、ピッチの高低を調節する読み方を工夫し練習してみよう。

◇文例一

八と三の二倍はいくつですか。

（答えが十四になるように）

◇文例二

彼が友人と一緒に僕がやっている焼肉店に来るそうです。

（店の経営者は「僕」だけ）

◇文例三

中間報告は総論、国会や内閣のあり方などの「統治」、人権、地方分権、そして国際・安全保障の五項目からなっている。

（「五項目」に注意）

◇文例四

兄が、先月の結果を母だけに伝えておいてくれと電話してきました。

◇文例五

レッスンのポイント

四、文例四の練習

この場合、文の基本構造は、「兄が」「電話してきました」である。これに、付加的要素を少しずつ加えながらピッチを調整していく。

①兄が、伝えておいてくれと電話してきました。
②兄が、母だけに伝えておいてくれと電話してきました。
③兄が、先日の結果を母だけに……。

この時のポイントは、「電話してきました」の高さを変えないことである。つまり、①〜③へ移行するにしたがって、「兄が」の後のピッチは高くなる。

落日が始まる四時半ごろになると、家々から女たちが出てくる。三々五々、モスクの前の広場や、海のみえる岸壁、公園のベンチなどに集まってくる。日中はほとんど家に閉じこもって人目にふれることのない女たちが、ぞろぞろと戸外に現れるのである。「何のために」と尋ねた私に、モロッコのガイドは、「夕日を眺めるためです」と答えた。じっさい、彼女たちは、眼だけが見えるカフタンという黒い民族衣装を身にまとって、肩を寄せ合い、長い長い影を引きずりながら夕日の落ちるのを長い間眺めている。何十人もの女たちが、同じような衣装で、そこここで車座になったり、肩を寄せ合って佇み、談笑しながら夕日が落ちるのを眺めている。それは感動的な風景であった。

モロッコ人の大部分を占めるベルベル人の女たちは、伝統的な生活様式を守り、何枚もの幅広の布で身を覆い、黒い頭巾を被って、鼻から下もレースのようなものをたらしているので、ほとんど眼だけしか出ていない。私たち異邦人には、どの女も同じようにしか見えない。ひどく没個性的な、しかし強烈なスタイルである。迷路のようなスークを歩いていて、ふと視線を感じて振り返ると、壁に寄りかかった彼女たちの眼に出合う。びっくりするほど印象的な姿だ。ただ私たちには、ひとりひとりを識別することはできない。

（多田富雄著『ビルマの鳥の木』（日本経済新聞社、一九九五年所収の「モロッコで考えたこと」より）

五、文例五の練習

・段落をひとまとまりの意味として捉え、声の高さやポーズ（間）によってその変わり目を示す。段落の変わり目は、一定のポーズをとり、高めのピッチで読み始めるとよい。

・地の文との違いをスピード、テンポ、ポーズなどによって示すことで、会話文の読みが生きてくる。

・また、上段の例の場合、一文の中で「何のために」という問いかけと、「夕日を眺めるためです」という回答が呼応しているので、その関係をピッチの高低で表すように意識するとよい。

■演習問題

二人一組になり、文例一から五をそれぞれ意味を伝える音読の仕方に留意して読み合い、お互いに気付いた点を指摘してみよう。

第2章　プレゼンテーション

Step ❶ スピーチの方法

●スピーチは、三分間・九百字程度でまとめる

特定のテーマについて、限られた時間内で、多くの人の前で話をするのがスピーチである。

聞きやすい話のスピードは一分間に三百字程度であり、集中して他人の話を聞ける時間は三分間程度であるとされている。ここでは九百字程度の原稿で三分間のスピーチに挑戦してみよう。

●聞き手のことを考え、言いたいことを先に言う

書きことばと異なり、話しことばでは、聞き手は情報を話された順番に理解するしかない。何についての話なのかが初めにわからないスピーチは聞き手を不安にさせる。序論部分で結論を最初に述べることによって、聞き手の関心を喚起する。スピーチ全体を「序論（結論）」「本論」「結論」の三段構成にするとよい。

●評価だけではつまらない

「海水浴に行って楽しかった」という言葉の「楽しかった」の部

❗ レッスンのポイント

一、自分の話し方を知る

・自分の声を録音して聞いてみる。

違和感をもつ人が多いであろうが、ふだん、自分の声だと思っているのは内側と外側から鼓膜を振動させた音であり、他人に聞こえている音とは違うのである。自分の声（発音・発声）や話し方（口癖など）で気が付いた点を改めよう。

・電話をしている自分の顔を鏡で見る。思いのほか新鮮なはずである。口の開け方、うなずき方、笑い方、視線などに特徴はないだろうか。気の付いた点は修正しておこう。

・公的な場における話し方と、私的なおしゃべりにおける話し方の違いに注意する。言葉づかいだけでなく、イントネーションなどについても考えてみよう。

分は評価である。あるできごとに対して、よい・悪い、好き・嫌いなどの評価だけでなく、「なぜよいのか」「どのようによいのか」というような自分の解釈や考えをスピーチに織り込もう。それだけでスピーチの内容が生彩をもつものに変化する。

スピーチの実際例　「私のお薦めの一曲」

「序論（結論）」

私の薦める一曲は[1]「ザ・ビートルズ」の「レット・イット・ビー」です。[2]今からなぜ私がこの曲をみんなに薦めるか、ということについて話します。まずは[3]曲の冒頭部分を聞いてみてください。「♪♪♪……」（曲のさわりをCDプレイヤーで流す）

「本論」

この曲は私が受験勉強をしていた頃に毎日聞いていた曲です。当時の私は心身共に疲れ果てていました。（中略）この優しく落ち着いた曲調が、勉強に疲れた私の身体をリラックスさせ、さらに、曲の歌詞の内容が自信喪失ぎみな私の心を落ち着かせてくれたのでした。[4]この曲のタイトルの意味を訳すと……

「結論」

……というわけで、[5]みなさんにもこの曲を薦めます。これからもこのような曲に出会えることを私は期待しています。

二、スピーチの留意点

傍線1…結論を初めに述べて、スピーチの全体像を明らかにする。結論を述べた後に十分な間を取ることによって、結論を述べたことを強調する。視線は、聞き手全体をまんべんなくゆっくりと見渡すようにする。ずっと同じ方向に顔を向けたり、同じ人ばかりに視線を送ったりしないこと。つまり会場全体の一人一人に話しかけているのだ、という心づもりになろう。

傍線2…自分の考えを述べることを提示して、聞き手の関心を喚起する。

傍線3…「曲」を実際に聞かせることによって、情報の具体性を高める。

傍線4…自分の解釈を提示して、スピーチの内容のレベルを高める。

傍線5…再度、結論を述べて結論を強調する。

■演習問題

私の薦める一冊の本・忘れられない出会いなどの題でスピーチをしてみよう。

Step ❷ エントリーシートの戦略

●人物像が伝わるエントリーシートを

エントリーシートとは、従来の履歴書や会社訪問カードの代わりに普及したものであるが、自由記入欄がかなり大きめになっている。その意味で、エントリーシートを提出することは、実質的には作文や小論文による選考の意味をもっていると考えられる。

ビジネスで求められるのは、相手に情報を伝える能力である。企業はエントリーシートの記述によって、志望者の人物像（価値観・行動力・理解力・創造力など）を知りたがっている。従って、人物像が伝わらないシートを提出すると、「これでは人物像が分からないのでもう少し詳しく知りたい」と評価されるのではなく、この志望者は「情報の伝達能力がない」、「求められていることを理解する能力がない」と評価されてしまうだろう。

エントリーシートでは志望者の人物像を、いかにうまく企業側に伝達し、売り込むかという点が勝負なのである。そのようなシートを書く際に求められる文章力は、①基礎的な国語力、②論理の構成力、③表現力ということになる。

●エントリーシートの形式

エントリーシートの形式は企業によって様々であるが、自由記

❗ レッスンのポイント

一、求められる文章力

・基礎的な国語力――正確な日本語を

シートの文章は分量が少ないだけに誤字脱字、係り受けのねじれなどは致命的である。これらのことは自分では気付きにくい。下書きを友人とチェックし合うとよい。

・論理の構成力――説得性のある論理を

サークルの部長の経歴からリーダーシップを導き出すのは短絡的である。「五十人のメンバーをまとめていた」「三週間の合宿で脱落者を出さなかった」というエピソードが加わってこそ説得力を持つ論理となる。自分が納得できないような論理では、相手を説得できない。

・表現力――エピソードを演出する

「リーダーシップがある」という抽象的な表現と「五十人のメンバーをまとめていた」という具体的な表現では、文章の書き出しにおいてどちらがインパクトをもつだろうか。

入欄に共通している質問項目は、①志望動機、②経歴、③自己PRの三つである。

①志望動機

志望動機のポイントは、本当にその業界・会社・職種でなければならないかという点につきる。思いつく志望動機をすべて挙げた後にその動機を絞り込んで文章化する。

②経歴

事前に「自分史ノート」を作ってみる（第4部第1章の年譜作りを参考にする）。その「ノート」を土台にして、自分は「何をしてきたか」「何ができるか」「何をしたいのか」という三点について具体的なエピソードをからめて記述する。過去の体験の総括は「何が大切か実感した」ではなく、「何を身につけた」という書き方が望ましい。

③自己PR

自分の性格について、友人や家族に話題にしてもらうと、自分では気が付きにくい人物像が浮かびあがってくる。また、自分の性格については肯定的に評価しよう。「引っ込み思案」も「慎重な性格」と考えればプラスに変換できる。

二、志望動機の書き方（食品会社志望の場合）

志望動機メモ

アジア旅行の体験／衣食住の基本は食／食と健康の関係に関心がある／アジアの食材を扱うメーカーである／業績が良好／アジア諸国に進出している／健康食品の開発部門がある

御社を志望した理由は、アジア旅行の体験によって、衣食住の基本は食であるということを身をもって体験したからです。アジアの伝統的な食材と料理法は、現代日本人の食生活を見直すためのヒントを数多く持っていると考えます。総合食品メーカーとして優良な業績を持ち、同時にアジア諸国に進出拠点を持つ御社において、私はアジアの食材の持つ健康食品としての力と日本人の嗜好とをマッチさせた商品の開発に取り組みたいと考えています。

Step ❸ 面接の技術

●初対面の相手に自分をどれだけ具体的に伝えられるか

体格のよい体育会系の学生が自分のセールスポイントを「体力」であると答えれば、一目瞭然に相手にそのことは伝わる。それはその学生の体つきが具体的で説得力があるからである。面接で成功するかどうかのポイントは、初対面の相手にどれだけ自分自身を音声と身体の表現で伝えるかにかかっている。特筆すべき体験が無くても、自分がどのような特徴を持った人間であるかが相手に明確に伝われば確実に高い評価を得ることができるだろう。

●伝わる話し方

①結論から述べた後に、理由を説明するなど論理的に話す。
「私は御社で……に取り組みたいです。その理由は……」
②抽象的な表現を避けて、具体的な表現を用いて話す。
下段参照。
③感じたことではなく、得たことを話す。
「サッカー部を十年間続けて、日々の小さな課題に立ち向かうことの大切さを学びました」
④目線や笑顔、考えるしぐさなど身体的な表現に留意する。

❗ レッスンのポイント

一、自己表現のための四つのステップ

①印象的な体験
レストランでの接客のアルバイト。
②体験の中で学びの契機となったこと
お客に「気が利かない」と言われた。
③学んだこと
接客マニュアルから踏み込んだ臨機応変な心配りの重要性。
④具体的表現
サービスとはお客一人ひとりに個別の付加価値を与えるものである。

二、抽象的な言葉を具体的にする表現術

自分のセールスポイントを具体的な言葉に変換して表現することに心がけよう。

・「積極性」をアピールするには……
現状に満足せず向上を追求する姿勢を強調。

●面接の評価ポイント

評価項目	評価要素
外的印象	・挨拶の仕方、機敏な態度 ・表情、目の輝き、目線 ・身だしなみ、マナー、清潔感
論理性 表現力	具体的な説明、明瞭な表現 ・自己分析、セールスポイント ・対応力、適切な受け答え
積極性	明確な志望動機、企業（業界）研究 ・新しいことへ取り組む態度 ・活発な学生生活
協調性	・柔軟なやりとり ・快活さ、コミュニケーション能力 ・集団への帰属意識
個性	・ユーモア、機転、感性 ・特技、資格　・専門分野

●自己紹介の項目の順番

①学校名　②学部学科専攻学年など　③専攻の内容　④課外活動（クラブ、サークルなど）　⑤その他の活動（ボランティア・習い事など）

「成果を得た」→「さらに高次の成果を」

・「行動力」をアピールするには……

「行動力」は「早さ」であることを強調。

「戦陣を切って」「チャレンジ精神で」

・「好奇心旺盛」をアピールするには……

日常において変化を求める姿勢を強調。

「現状に満足しない」「未知への関心」

・「柔軟性」をアピールするには……

臨機応変に他者に学ぶ姿勢を強調。

「応用する」「改善する」「進化する」

・「思いやり精神」をアピールするには……

真の意味での思いやりとは？

あえて自他に厳しく接する姿勢を強調。

・「責任感の強さ」をアピールするには……

リーダーシップがあるだけでは抽象的である。

期限を厳守することができることを強調。

第3章　ディベート

Step ❶ ディベートの方法①

●ディベートとは

ディベートとは、あるテーマに対して「肯定側」「否定側」という相反するグループに分かれ、一定のルールに従って、自分たちの主張が相手側の主張よりも優れていることを、論拠を挙げながら論理的に説得するゲームである。お互いの陣営の論拠（データや、事実のふまえ）が有効か否か、論理的展開が妥当か否か、などの観点で審判は行われ、最終的に勝ち負けの判断が下される。

その意味で、会議全般における意見対立の場面では、必ずこのディベート的な議論が行われていると考えてよいだろう。ディベートの過程で展開される論理的説得術やロール・プレイング性（役割分担性）は、合意形成のための会議の参加者が、自分の意見を決定して採決に臨む、直前の段階における最終的な問題分析や評価に対して極めて有意義なものとなるだろう。「英語を第二の公用語とすること」の是非という論題でディベートに取り組んでみよう。

❗ レッスンのポイント

一、調査結果をリサーチシートにまとめる

論題についての調査を次のようなシートにまとめ、立論の論点を立てる。

論題例——英語を第二の公用語にしよう

1公用語とは
・公用語の定義とは？
・公用語の歴史は？

2公用語の現状
・ヨーロッパでは？
・アメリカでは？　アジアでは？

3争点①…世界共通語としての英語
・英語人口はどのくらいか？
・実業界での英語の使われかたは？
・ネットでの英語の使用はどうか？

4争点②…国際社会における日本の地位

●ディベートのプロセス

ディベートは次のような作業の流れで構成されている。

論題　→　調査　→　議論構築　→　本番　→　審判団による評定

●ディベートの準備

①肯定側と否定側で四～五人のグループを作る。
自分の意見とは異なる側に入ってもかまわない。

②グループで論題について調査する。
・論題についての調査結果をリサーチシートにまとめる。
・立論の論点を二～三点決める。

③グループ内の役割を決める。
・立論者（一名）／反論者（二名～全員）／最終弁論者（一名）

④審判団を組織する（時計係を審判団から一名選ぶ）

・経済力・政治力・文化的水準

5争点③…言語と文化の問題
・言語と文化の関係はどうか？
・国民のアイデンティティとは？
・国際化の進展をどう考えるか？

6争点④…英語公用語化のコスト
・国民の英語力向上のコストは？
・世代による語学修得力、修得の機会の差は？
・二言語表示のコストは？

7争点⑤…導入への経緯の問題
・関係法規の整備はどうするのか？
・国民的合意を得られるか？

二、立論の方法

リサーチシートをもとにして、肯定側は現状改革（英語の第二公用語化）の必要性を、そのことによるメリットを中心にして主張し、否定側はそのことのデメリットを軸にして論を組み立てていく。

Step ❷ ディベートの方法②

●ディベートの実際の流れ

論題　英語を第二公用語にすることの是非

①肯定側立論
「論題を肯定します。その理由の第一は英語は世界共通語だからです。その根拠は……次の統計を見てください。第二に……」

②否定側立論
「論題を否定します。その理由の第一は外国語は必要のある人のみが学べばよいからです。その根拠は……。第二に……」

③第一回作戦タイム

④肯定側第一回反論
「必要な人だけが学ぶという態度では、英語力の向上は望めず、結果として、国際社会での日本の地位に影響します。その根拠は……」

⑤否定側第一回反論
「英語力のみで日本の地位は決まらないと考えます。その根拠は……」

❗ レッスンのポイント

一、ディベートの鉄則

・主張には必ず証拠を
根拠・証拠のない主張はディベートでは許されない。次のような思考の流れで主張を根拠づけよう。

主　張…パソコンは来年値下がりする。
データ…半導体が過去一年間で二〇％値下がりした。
根　拠…半導体の価格はパソコンの価格を決定する主要因である。過去、半導体の値下がりがパソコンの値下がりをもたらした。

・沈黙は同意である
ディベートでは発言がすべてである。思っているだけでは反論がないとされる。

・建設的な議論を
相手の主張をただ否定するだけでなく、その主張にかわるものとして自らの主張が

⑥第二回作戦タイム

⑦肯定側第二回反論

「英語力の有無は重要です。インターネット上の情報の約八割は英語によるものです……」

⑧否定側第二回反論

「外国語である英語を学ぶよりも、まず自国の文化や歴史についてしっかり学ぶことが大切です。なぜなら……」

⑨第三回作戦タイム

⑩肯定側最終弁論

「……の理由から英語の第二公用語化を肯定します……」

⑪否定側最終弁論

「……の理由から英語の第二公用語化を否定します……」

⑫審判団審議

⑬審判結果の発表

（※①～⑬をすべて三分以内で行うこととする）

●ディベートにおいて反則となる議論

・揚げ足取り（ことばじりをとらえて話題にする）
・水掛け論（無根拠な理屈を主張し合う）
・詭《き》弁《べん》（つじつまの合わない理屈を主張する）
・個人攻撃やデータのねつ造

ある、という建設的な議論を構築する。

・人格と意見は別である

議論の経緯や結果がどうであれ、後に感情的なしこりを残してはならない。

・事実と意見を分ける

ディベートでは、客観的・科学的な事実やデータと、自らの解釈や願望である意見とを分けて発言しないと減点となる。

二、ディベートにおける表現の技術

・言葉は定義して用いる

例えば「国際化」「個性」「自由」などの意味のあいまいな言葉は、ディベートでは弱点になるので、定義してから用いる。

・すぐに反論する

ディベートでは、直前の主張にすぐさま反論することが求められ、何人か後での反論では遅すぎるとみなされる。ディベートでは議論のかみあわせが重要視されるためである。

第4章　イベントをプロデュースする——シンポジウムの企画から実行まで

Step ❶ 企画会議の方法

●イベントのプロデュース——表現技術のアンサンブル

イベントの企画、準備、実行、そして事後処理までの過程では、第2部、第4部、第7部、本章で学ぶ会議など、表現技術を総合的に用いる必要がある。

●企画会議を開く

・プロジェクトチームによって原案を作る。
　※ブレインストーミングによる発想
　※Tの字マトリックスによる発想の絞り込み
・シンポジウムのテーマと5W1Hを決定する。

●任務の分担

シンポジウム開催のために仕事を以下のように分担する。渉外係（学校当局、パネラーとの交渉）広報係（宣伝活動）会場係（会場設営、当日の司会）書記係（記録事務）会計係（会計事務）。

❗ レッスンのポイント

一、プロジェクト・チームによる原案作り

集団における合意の形成を考えた場合、シンポジウムのテーマについて、メンバー全員でゼロから話し合っていては能率が悪い。メンバーの承認を得たプロジェクト・チームが原案を全体会議の前に作っておくとよい。

二、会議におけるアジェンダの意義

会議の主催者は、「いつ」「どこで」「だれが」「どのように」「なにを」「何のために」話し合うのか、という会議の5W1Hを構成メンバーに連絡する。円滑な会議のためには「なにを」の部分がメンバーに周知徹底しているかどうかが重要である。アジェンダ（議案書）を作り、事前に議題をメンバーに知らせておこう。

●アイディア発想と絞り込みの方法

プロジェクトチームで原案を作る際に、「ブレインストーミング」（下段を参照）を用いてみよう。次に、出された数多くのアイディアをTの字マトリックス（左図を参照）によって、いくつかの案に絞り込んでいく。Tの字マトリックスとは、Tの字の横棒の上に0を中心にして、プラス5からマイナス5の目盛りを記し、各案をTの字の左右に示した観点から評価し、グラフ化、視覚化して分析するものである。

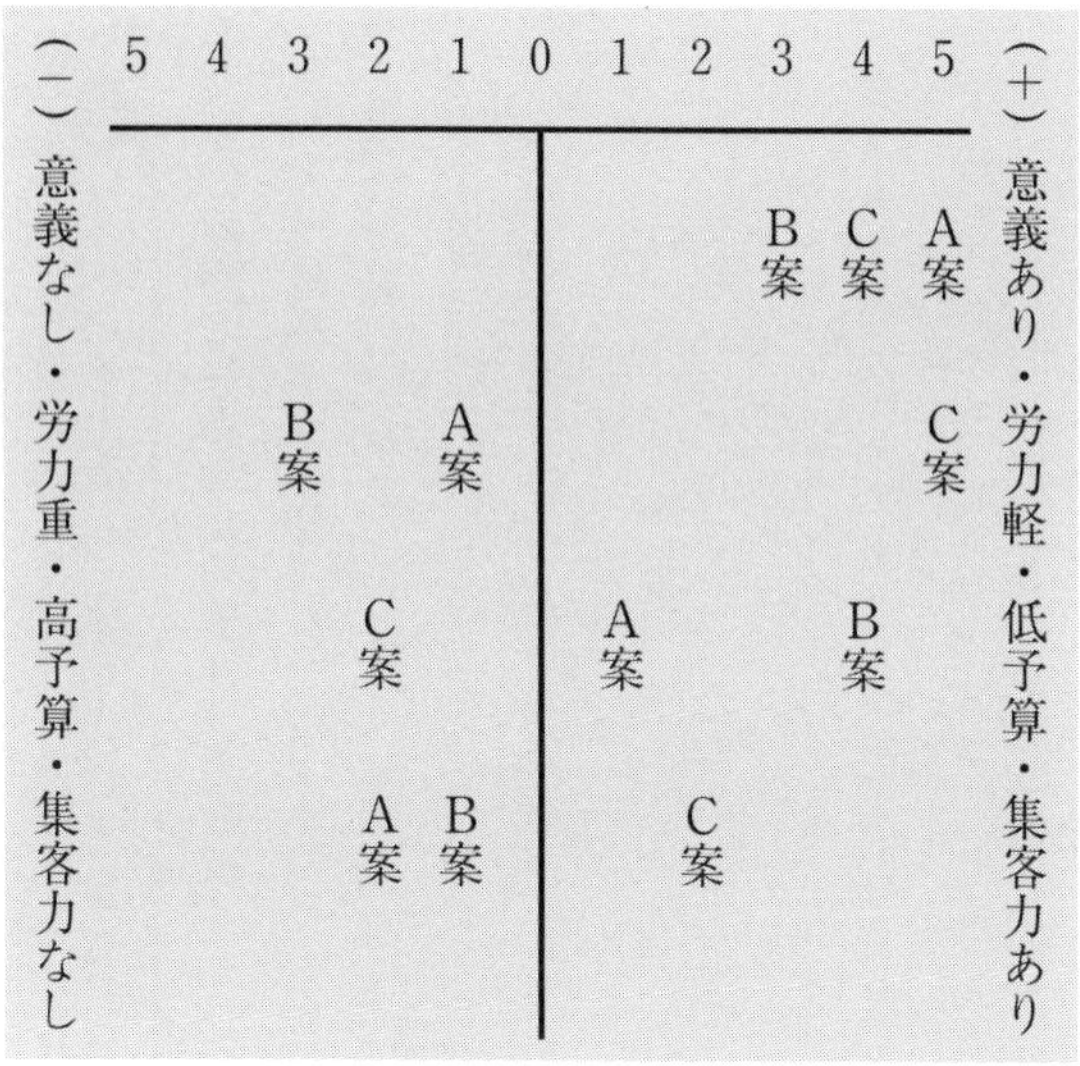

Tの字マトリックス

三、ブレインストーミングという発想法

十分間程度で、参加者全員で大量のアイデアを自由に出し合う発想方法である。次に挙げる点を参加者が確認してから実行する。

- 質より量で、多くのアイディアを出す。
- 一文一内容で簡潔なアイディアを出す。
- アイディアを絶対に批判したりしない。
- アイディアについて話し合いはしない。

（アイディアの例）

メディアと戦争／健康ブーム／ペットと人間／ダイエットの功罪／ネットの功罪……

四、Tの字マトリックスの観点

出されたアイディアを次のような観点から吟味して絞り込んでいく。

①様々な年齢層の嗜好に合致する案か。
②対象をある年齢層に限定している案か。
③シンポジウムのパネラーとして適任な人物がいるか。
④その人物の招聘《しょうへい》は可能なのか。

Step ❷ イベントのマネージメント　交渉と宣伝

●交渉の段階に合わせたメディアの選択

まったく面識のない相手に、シンポジウムのパネラーをお願いする場合を想定すると、先方との連絡の内容は「依頼」「打ち合わせ」「最終確認」という段階を経ることになる。そしてこの段階に合わせて最適な通信メディアを選ぶ必要がある。

①依頼の段階	面識のない相手にいきなりEメールを送るのは礼を失する。郵便で依頼文を送り、当方のメールアドレスを記しておくのが無難である。
②打ち合わせの段階	シンポジウムの詳細についての打ち合わせの段階では、音声による共時的双方向コミュニケーションである電話が最適である。
③最終確認の段階	すでに何度か連絡を取り合っている最終段階においては、EメールやFAXなどのメディアで簡便に連絡を取り合って構わない。

! レッスンのポイント

一、Eメールのマナーとコツ

・メールはテキスト形式で、添付ファイルはなるべく避ける。
・機種依存文字（顔文字・絵文字など）は使用しない。
・「件名」はメール本文と内容的に連続させずに、ひと目で内容が分かるようにする。
・「差出人（From）」は本名を用い、ニックネームなどは用いない。
・頭語と結語は正確に対応させる。
・署名機能を活用すれば、アドレスや氏名の誤入力を防げる。
・送信前にプリントアウトして誤変換や脱字を再確認する。
・返信やお礼は迅速《じんそく》に行う。
・メール文の一行は、全角三十字前後で強制的に改行すると読みやすくなる。
・メールの文章は、スクロールして読むため、段落内の文章を短めにする必要がある。

●宣伝・広告の技術①　情報の視覚化

情報の視覚化は、数多くの人間が集まるイベントにおいてこそ威力を発揮する。立て看板、ポスター、トイレの表示、出入り口の表示、プログラム作り、出演者の紹介など様々な工夫をしてディスプレイしてみよう。ポスターやビラには、初めて学校を訪れる人のためにシンポジウム会場である教室までの地図を掲載する必要もある。

●宣伝・広告の技術②　AIDMAの法則とキャッチ・コピー

折り込みチラシ、雑誌の広告ページ、ダイレクトメールなどの紙の広告は最小限のスペースで、またテレビCMなどの映像広告は最短の時間で、それぞれ最大限の広告効果をあげるために、さまざまな表現技法を駆使している。研究によれば広告は、注目をひく（Attention）興味を喚起する（Interest）購買意欲をそそる（Desire）記憶させる（Memory）購買行動を要請する（Action）という法則（AIDMAの法則）に沿って作られているという。

宣伝文の中でも最小最短のものを広告コピーと呼んでいる。コピーは簡潔にして新鮮なことばで、強烈なイメージを我々に送り込んでくる。無駄を限界まで削ぎ落とした表現でありながら、多大な影響を与えるコピーは、ある意味で文字記号であることばが最も強力な力を発揮する分野であるといえるだろう。

二、情報の視覚化と宣伝

■演習問題

「自分の広告」を作ってみよう

自分という存在を紹介する、はがきサイズの「自分の広告」を作ってみよう。広告にはイラストや写真など、ことばでないものを利用しても構わない。身の回りの広告を参考にして、自分を紹介するコピーのことばを入れるようにしよう。

ひまわりのような
明るい女性を
めざしています！

Step ❸ シンポジウムの実際と事後処理

●シンポジウムとは

シンポジウム（Symposium）とは、数人のパネラーが特定の問題について、それぞれの見解や立場を発言し、その発言に対して参加者（フロアー）が質問し、さらにパネラーがこれに答えることによって、参加者全体が討議を重ねる形式の公開討論会のことである。一般には「高齢化社会」、「少子化問題」などの社会問題について出席者で考えを深める際に採用されることが多いが、「出身高校での体験」などのように身近な話題をめぐって話し合うこともできるだろう。

●シンポジウムにおける司会者の役割

①発言の要点を要約して再話する役割（下段傍線①参照）

シンポジウムでは、テーマについて特定の立場からの見解が複数の人間から順番に発言される。それらの発言が連続的に展開する過程を聞くことによって、参加者全体がテーマへの意識や思考を深めることができる。司会者には、発言の要点をメモを取りながら聴き取り、要約して再話する力が求められる。

❗ レッスンのポイント

一、シンポジウムの実際

司会　パネラーの三人を紹介します。まずは夫婦別姓の問題に長く取り組んでこられたNPOの代表であるAさんです。そのお隣が宗教法人の専務理事であるBさんです。最後が本学社会学部教授のCさんです。Aさんから順にお一人五分間のご発言をお願いします。

A　私は次の三点から夫婦別姓に賛成する立場で発言をします。まず第一に……。

司会　では次にBさんお願いします。

B　私は伝統的な日本の習慣を重視し、夫婦別姓に疑問を持つ立場から……。

司会　最後にCさんお願いします。

C　夫婦別姓というスタイルは世界の国々では決してめずらしいことではありません。……。

司会　①Aさんの見解は……であり、Bさんは……でした。そしてCさんは……という意

②個々の発言をからませる役割（下段傍線②参照）

シンポジウムでは、一人のパネラーの見解に対して、別のパネラーの見解をからませることによって、テーマについての対立点や共通点が明らかになり、テーマがもっている問題点が浮き彫りになってくる。司会者には、複数の見解の接点を見出して、その発言をからませ、シンポジウム全体をクリエイティブなものにしていく役割が期待される。

●記録ノートの重要性

記録ノートには、企画の始まりから終了まで、企画の進行経過などを時間の経過に従ってメモしておこう。時系列に沿って書かれたメモは、反省会において重要な資料となるだけでなく、今後、同様の企画を実行する際のマニュアルの役割を果たしてくれる。

●お礼状という「書式」の利点

今回の企画も多くの方々の協力がなくては成功しなかったはずである。それらの方々に最後にお礼状を出そう。お礼状を面倒がる人も多いが、書式が定まっているこの手の書状は、その書式に則って書いてしまえば礼を失することもなく、使い回しが可能であり、かえって手間のかからないものである。

見でした。ではフロアーからパネラーに質問を出していただきます。

D　Bさんに質問です。……。

司会　関連した質問はありますか。ではBさんお答えをお願いします。

B　はいお答えします。……。（中略）

司会　ではパネラー間のやりとりに移ります。Aさんから順番に他のお二人に対する発言をお願いします。

A　ではBさんの見解について……。

司会　②Aさんは……ということですが、Bさんいかがですか。

B　ではAさんに対して……。（中略）

司会　フロアーからパネラーに対して意見はありませんか。

E　AさんとCさんに意見があります。

司会　どうぞ。（中略）

司会　最後に三人の方にまとめの発言をしていただきます。Cさんからどうぞ。

C　はい。では……。（中略）

司会　これでシンポジウムを終わります。

表現の探求

「話す」「聞く」の重要性

第5部は「発音・発声」「音読」「スピーチ」「面接」「ディベート」「交渉」「シンポジウム」という各Stepの内容が示しているように、音声言語表現のコミュニケーション技術を向上させることを目的として構成されている。

人間のコミュニケーション行為は「読む」「書く」「話す」「聞く」という四つの行為に分類されることが一般的である。そして小学校から高等学校までの学校教育において、この四つの「領域」に関わる表現技術の学習が発達段階に合わせて行われてきたはずである。ところが振り返ってみると、この四つの「領域」の学習の中でも「話す」「聞く」という音声言語に関わる技術の学習については、これといった記憶が無いのが実感ではないだろうか。そのことは音声言語が、「一回性」という際だった特質をもっている点に要因がある。つまり音声言語とは、原則としてその場限りのものであり、話し手は、書く場合のように推敲することができないし、聞き手は、前にもどって聞き直すこともできない、という特質をもっているのである。しかし、ここではいささかおおげさな言い方になるが、人間が他の動物と異なり霊長類であることの証《あかし》が、音声言語を操る能力である、という厳然たる事実のもっている意義について改めて考えてみる必要があるように思う。乳幼児の言語的発達の過程を見るまでもないが、人間が誕生後まず修得する言語は文字言語ではなく、あくまでも音声による言語である。つまり、音声言語による表現とは、我々の日常にとって最も身近な表現であると同時に、最も利用頻度の高い表現手段なのである。音声言語とは元来そのような表現であることに着目することによって、音声言語の学習について考え直したい。

では、日常生活において最も身近な表現手段であるはずの音声言語の学習のありかたを、具体的にはどのように考えたらよいのだろうか。それは音声言語の学習の場を、授業中という枠組みに拘《こだわ》らずに考えることである。つまり授業時間外の日常生活における様々な場面を、「学習の場」として見直すのである。朝起きて学校に行くまでの道のりで出会う様々な人物とのやりとり、あるいは授業後、アルバイト先に向かう過程やアルバイト先における仕事の場面という実際の日常生活の様々な局面は、音声言語表現の技術を向上させるのに格好の実践的な場である。一日を振り返って、次のような他者とのコミュニケーションの機会について、どのような技術が必要であったのか考えてみよう。

起床時	①家族との挨拶 ②ラジオで天気予報を聞く	話す・聞く 聞く
登校時	③隣人との挨拶	話す
登校途中	④駅のアナウンスを聞く	聞く
一限目	⑤ゼミの口頭発表 ⑥発表後の討議	話す 話す・聞く
休み時間	⑦部室に顔を出す	話す・聞く
二限目	⑧ゼミ合宿の打ち合わせ ⑨合宿の宿舎との交渉	話す・聞く 話す・聞く
休み時間	⑩携帯電話で友人と会話	話す・聞く
三限目	⑪学科主催の講演会に出席	聞く
放課後	⑫研究室の来客との応対	話す・聞く
下校途中	⑬デパートで買い物をする	話す・聞く
アルバイト先にて	⑭社員との打ち合わせ ⑮接客業務	話す・聞く 話す・聞く
帰宅後	⑯留守番電話を聞く ⑰家族との団らん	聞く 話す・聞く

以下、具体的にこの表に沿って、どのような技術が問題になるのかについて考えてみよう。

①の挨拶という行為には、当然のことながら相手が想定される。その挨拶の相手が入院患者の場合を考えてみよう。入院病棟に勤務する看護師のマニュアルでは、入院患者の起床後の第一声の調子が、その日の容態の判断材料となっているという。ありふれた挨拶という言語表現にも、その行為を行った側の情報が入り込んでいるのである。

②④⑯では、音声による情報を正確に「聞く」技術がなによりも求められる。また「聞く」という行為は、他のコミュニケーション行為と異なって、なにか別のことをしながらも、ある程度、支障なく行えるという利点がある。

③は隣人と円滑につきあうためには必須の行為であろう。日頃の礼儀作法が、いざという時にものをいうことはよくあることである。

⑤では、予《あらかじ》め準備したレジュメなどに従って、先行研究や自分の見解を正確に「話す」技術が求められる。

⑥は、「話す」ことと「聞く」ことが総合的に行われる「話し合い」の局面である。このような場面では「話す」ことと「聞く」ことが、人間の創造的な思考行為と直結して行われる。

⑦⑰では、部員同士や家族との気のおけないやりとりが、人間をいかにリラックスさせるかが分かるはずである。会話のもつ親和機能が発揮される場面である。

⑧は、ゼミ合宿についてゼミのメンバーの合意を形成するための「話し合い」の場ということになる。

⑨においては、「交渉」の技術はもちろんのことであるが、合宿の日程、参加者の人数などの事柄を宿泊先や旅行会社の担当者に伝える際には「エントリーシート」の技術が応用できるだろう。

⑩は、携帯電話を用いての友人との会話であるが、場面や相手が変われば、オフィシャルな電話のかけ方、話し方が要求されるケースでもある。

⑪は、②④⑯と同様に音声による情報を正確に「聞く」ことが求められるのではあるが、同時にメモをとったり、講演の内容を聞きながら、その内容についてより深く思考したりすることも求められる。

⑫は、来客に対して研究室の一員として社会的、対外的な対応が求められる場面である。

⑬は、買い物というありふれた行為ではあるが、その買い物が店員と対面を伴うのであれば、「話す」ことと「聞く」ことの総合的な技術をフル稼働させる局面となる。

⑭⑮は、労働の場面であり、状況に合わせた対応を怠れば、社会的な責任を負わされることとなる。

読まない、書かない日はあっても、話さない、聞かない日は想定しにくい。「話す」ことと「聞く」ことが人間の生活においていかに重要な位置を占めているかについて、改めて考えてみる必要があることの所以である。

第6部

電子ツールを用いた論文作成法

パソコンソフトがもつ様々な機能を有効に活用しながら論文を作成していくためのレッスンを行う。ワープロソフトの挿入や削除、コピーなどの機能を使えば、手書き原稿とは異なり一から書き直す必要がなくなる。書き手は推敲や修正のわずらわしさから解放され、思考の流れのまま執筆を進めることができる。しかし、ソフトの機能はそれだけではない。実は、論文構想や構成立ての段階などでも執筆者を力強くサポートしてくれる。そのような便利な機能をマスターしよう。

第1章　電子ツールの論文作成

Step ❶ 電子ツールとは何か?

私たちは文章を書くとき、多くの場合鉛筆と消しゴム、あるいはボールペンなどを使う。電源もいらないし、携帯にも便利でとてもお手軽なツールといえる。かつては、卒業論文なども、下書きは鉛筆で、清書は万年筆でと決まっていた。清書の段階で一字でもミスすれば、まるまる一ページ書き直しだった。あるいは、一字、一行を挿入するとなると、少なくともその章全体を書き直さねばならない。大変だが、卒業論文を書くとはそういうことであった。しかし、今日では、多くの大学がフォーマットを決めてワードプロセッサーで作成した卒業論文の提出を義務付けている。ワードプロセッサーに代表される電子ツールは、大学においては、確実に鉛筆や万年筆に代わるツールとして認識され始めているといえる。

ところで、電子ツールは本当に鉛筆や万年筆の代わりだろうか? 答えは、「NO」だ。電子ツールは文字を書く道具ではなく、文章を作る道具なのだ。文字だけを書くのなら、鉛筆や万年筆を使った方がやはりはるかに速いだろう。しかし、論理的な文章を作るためには、電子ツールは鉛筆や万年筆の何倍もの威力を発揮する。

つまり、電子ツールは鉛筆や万年筆にはできないことをすることができるといえる。例えば、ワードプロセッサーの挿入や削除、コピーの機能を使えば、手書きのように原稿を一枚あるいは一章分も書き直さずに済む。このような機能によって、推敲や修正のわずらわしさから書き手は解放され、知らず知らずのうちに下書きに何度も手を加える推敲プロセスが強化されることになる。このように、電子ツールは、文章作成プロセスそのものの変化を促し、より練られた文章を産出するためのツールといえよう。

●電子ツールの種類は?

電子ツールには、実は様々なものがある。文章を書くという目的のために作られたものとしては大きく分けて次のような三種類のツールがあるだろう。

①記述を促すワードプロセッサー
②構想を促すアイディアプロセッサー
③推敲や編集を促すエディター

三つの種類に分けてみたが、いずれも文章を書くためのソフトであることは同じだ。一般的には、ワードプロセッサーとしてのソフトがコンピュータ購入時に最初から入っている場合が多いだろう。マイクロソフト社の「ワード」やジャストシステム社の「一太郎」がそれだ。このようなソフトには、ただ文章を作る機能があるばかりでなく、図画を作成したり、表を作ったりと様々な機能が備わっている。

●どのソフトを選ぶか?

問題は、どんなソフトを電子ツールとして選ぶかだ。ウィンドウズがオペレーションシステム（OS）なら「ワード」か「一太郎」が一般的だろう。また、マッキントッシュなら「アップルワークス」が標準装備されている。

しかし、ソフト選びで大切なことは、そのソフトを使ってどんな文章を作るかということにある。卒業論文やレポートを主とするのなら、「ワード」が使いやすいかも知れない。「ワード」はもともとアメリカで論文作成を念頭において作られており、優れたアウトライン機能を持っているからだ。またコメント機能も充実している。詳しい内容については第2章と第3章で述べるが、文章作成プロセスを経るための機能が十分に備わったソフトであるといえる。

この、「ワード」を使った論理的文章の作成方法については、入部明子著『論理的文章学習帳』（牧野出版、二〇〇二年）に詳しいのでそちらをご参照いただきたい。

Step ❷ 電子ツールの効果的な使い方は？

電子ツールがただの鉛筆や万年筆の代わりではないことはすでに述べたとおりだが、ではどのように使うのが最も効果的だろうか？　それは、次ページの図のような文章作成プロセスの中で、最もふさわしい機能をそれぞれのステップで使うのが効果的であるといえる。

例えば、構想の段階では図形描画の機能を使って、見えない思考を視覚化することができる。また、下書きの段階では、アウトライン機能で全体の流れを視野に入れて、下書きに統一感を持たせることができる。さらに推敲の段階ではコメント機能をフルに使い、まず全体的なコメント、そして特定の内容についてのコメント、さらに誤字脱字などの語彙《ごい》レベルのコメントを付することができるのだ。図のようなプロセスを経ることで、電子ツールは鉛筆や万年筆を超えた大きな力を発揮することができる。

●各ステップでの「ワード」の機能

ここでは、マイクロソフト社の「ワード」を例に、次ページの図1の各ステップで使える効果的な機能を紹介していこう。

まず、①では第2部第2章で挙げたマッピングも「ワード」の**図形描画のツール**を使えば簡単に作成することができる。詳しい内容は次のＳｔｅｐ３で述べる。

次に、②の下書きでは「ワード」の**アウトライン機能**を使うことで脱線することなく、首尾一貫した文章を書くことができる。次の第2章で詳細は述べる。

さらに、③では文章の全体的なコメントを**作表機能**によって得ることができ、④の内容に即したコメントは**コメント機能**によって具体的に述べることができる。

また、⑤の編集機能は**文章校正機能**によって、自動校正されるだろう。

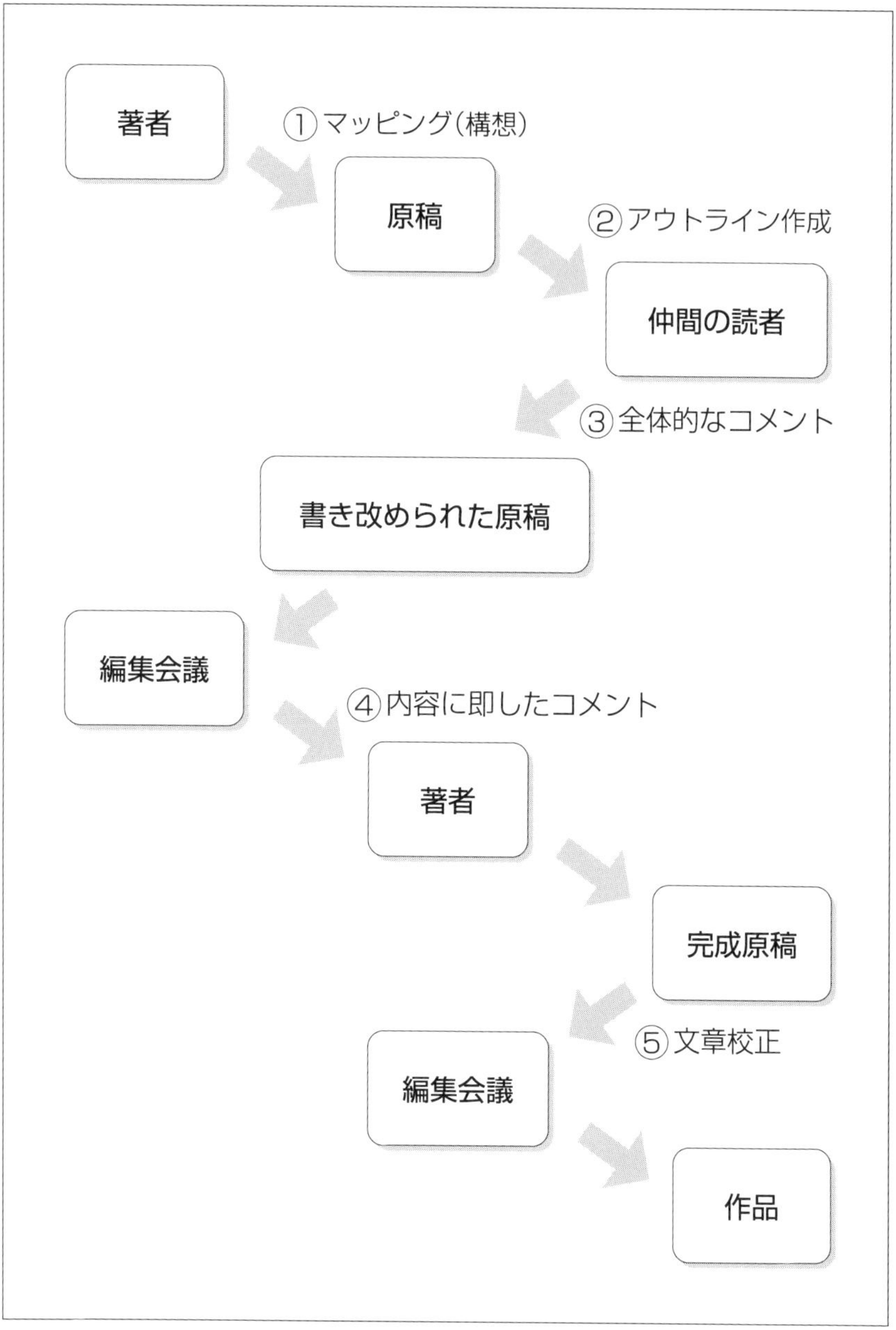

図1　電子ツールによる効果的な文章作成プロセス

Step ❸ 電子ツールで、構想のためのマッピングをしてみよう

●電子ツールによるマッピングの方法

マッピングは、第2部第1章ですでに述べたように、手書きでもその効果は十分に発揮することができる。走り書きのようなマップでも、下書きのための大きな手がかりとなる。

一方、電子ツールでこのマップを作れば、構想の段階からプレゼンテーションのツールとして使うことができる。プレゼンテーションの具体的な方法については、第7部で詳しく述べるが、電子ツールの図形描画の機能を使うことで、第三者に視覚的に構想を伝えることができるのだ。

【ワードによるマップの作成】

例えば、下段の写真1は、マイクロソフトの「ワード」のテキストボックスという図形描画の機能を活用して作ったマップである。使い方は次の通りだ。まず、

①表示　②ツールバー　③図形描画

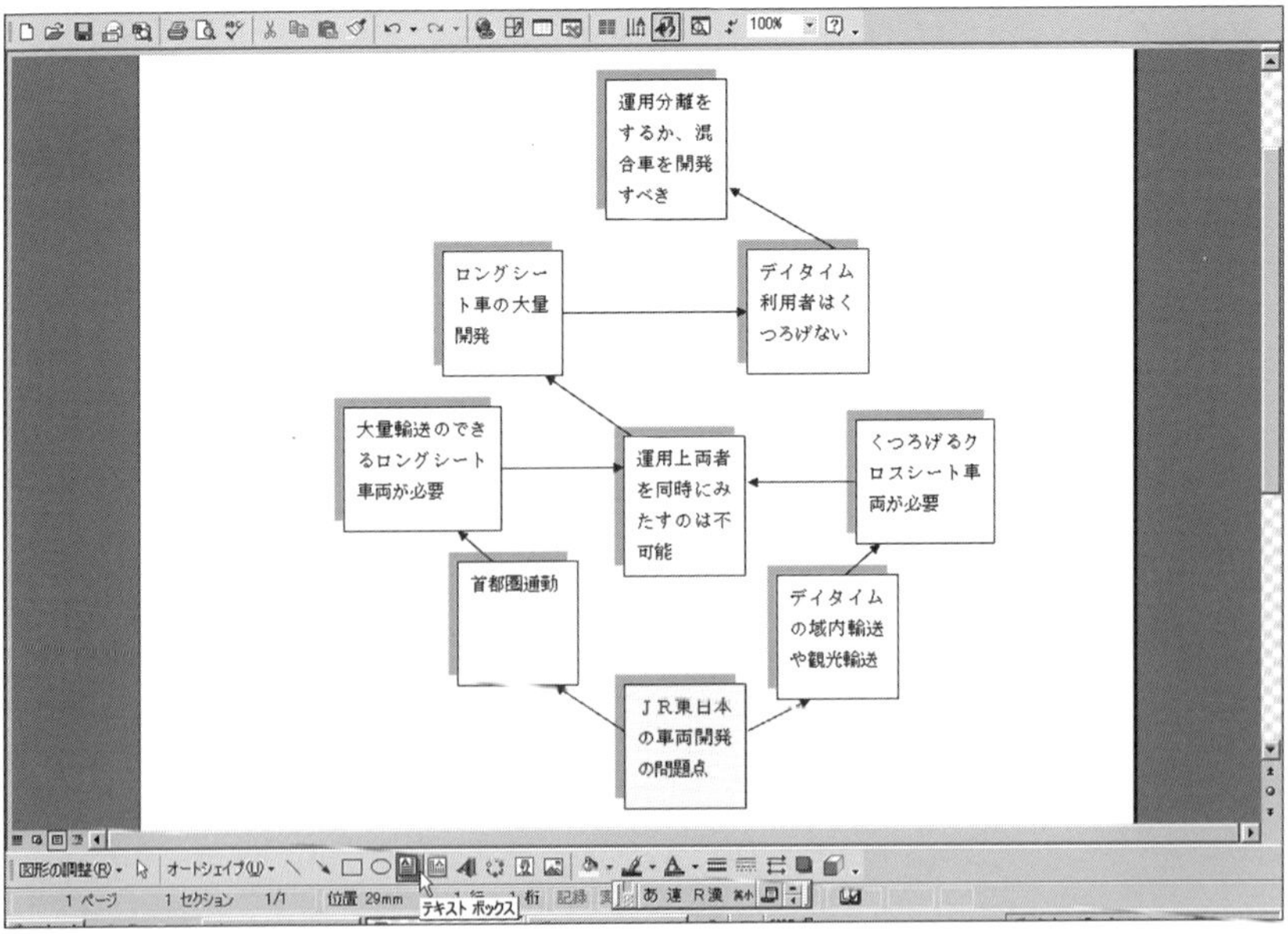

写真1　ワードによるマッピングの作成例

で図形描画のツールバーを表示させ、図形描画のツールバーから、「テキストボックス」のボタンによってキーワードを入れるボックスを作っていく。そして、「↘」（矢印）のボタンを使って各ボックス間をつなげ、図のようにマップを完成させるだけである。

【ビジネス・ライターによるマップの作成】

また、実はマップ作成を目的とした電子ツールがある。それが「ビジネス・ライター（Business Writer）」というソフトだ。構想から記述までを支援するソフトで、特に構想段階ではパワーマップという構想マップを作ることができるアイディア・プロセッサーである。

構想マップはともすると、右頁写真1のように思いつくままにマップを作るために、マップのキーワードが拡散的になりがちである。ビジネス・ライターはキーワードを抽象度によってレベル付け（パワー0～パワー4）し、抽象→具体という方向性を持たせた構想マップへと導いてくれる便利なツールである。

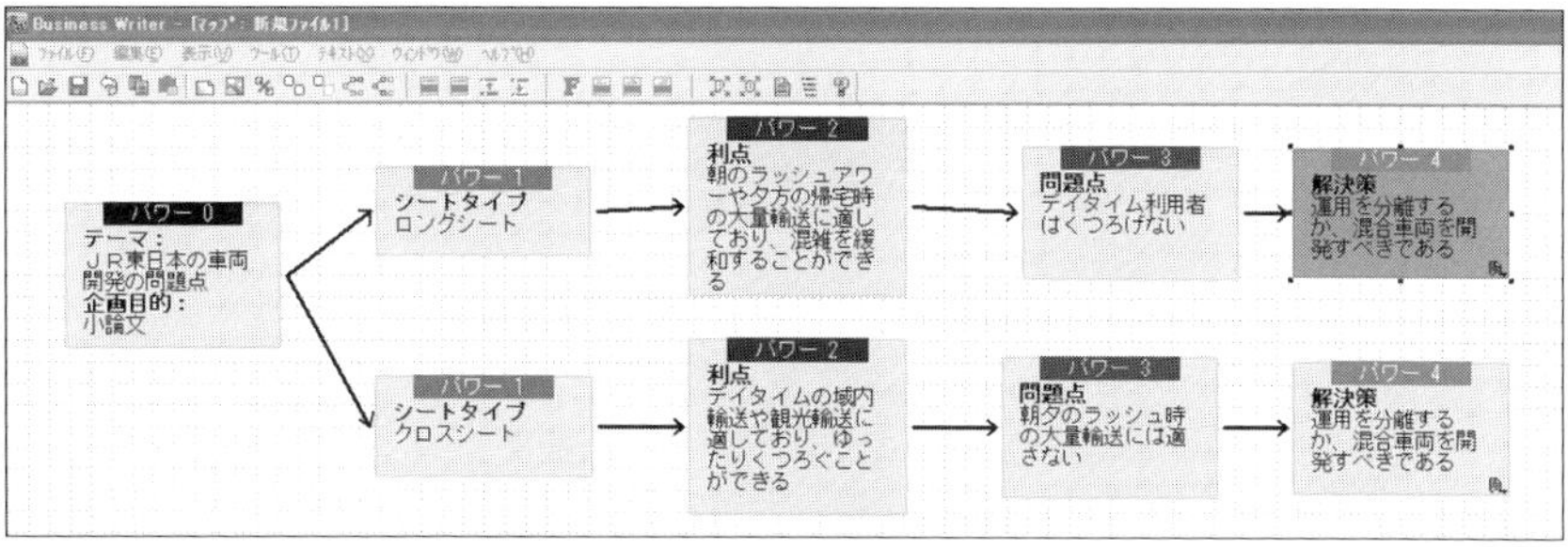

写真2　ビジネス・ライターによるマッピングの作成例

第2章　アウトラインプロセッサーでレベルアップ

Step ❶ 構想を構成（アウトライン）に生かそう

構想マップで得たものは、文章全体の完成予想図のようなものだ。今度は、どこからそれを組み立てていくかという課題に取り組まねばならない。それが構成である。まずは、軸となるトピックをマップのキーワードから決め、それをサポートするキーワードを決めることからはじめてみよう。

例えば、「ワード」を使った場合、次ページ上段の写真3のように、マップを参考にして、トピックとサポートをレベル付けしてアウトラインを作ることができる。また、「ビジネス・ライター」を使えば、次ページ下段の写真4のようにマップをそのまま活用してアウトラインに変換することもできる。

●アウトラインを作ろう

【ワードによるアウトラインの作成】

「ワード」はアウトラインプロセッサーとして優れた機能を持っている。使い方も簡単だ。

①表示　②アウトライン

でアウトライン表示にし、マップからトピックとサポートとなるキーワードを配置する。そしてレベル付けはアウトラインのツールバーが表示されるので、キーワードそれぞれについてレベル付けをするだけだ。

【ビジネス・ライターによるアウトラインの作成】

「ビジネス・ライター」のアウトラインは「アウトライン」のボタンをクリックするだけでまさに一発変換される。

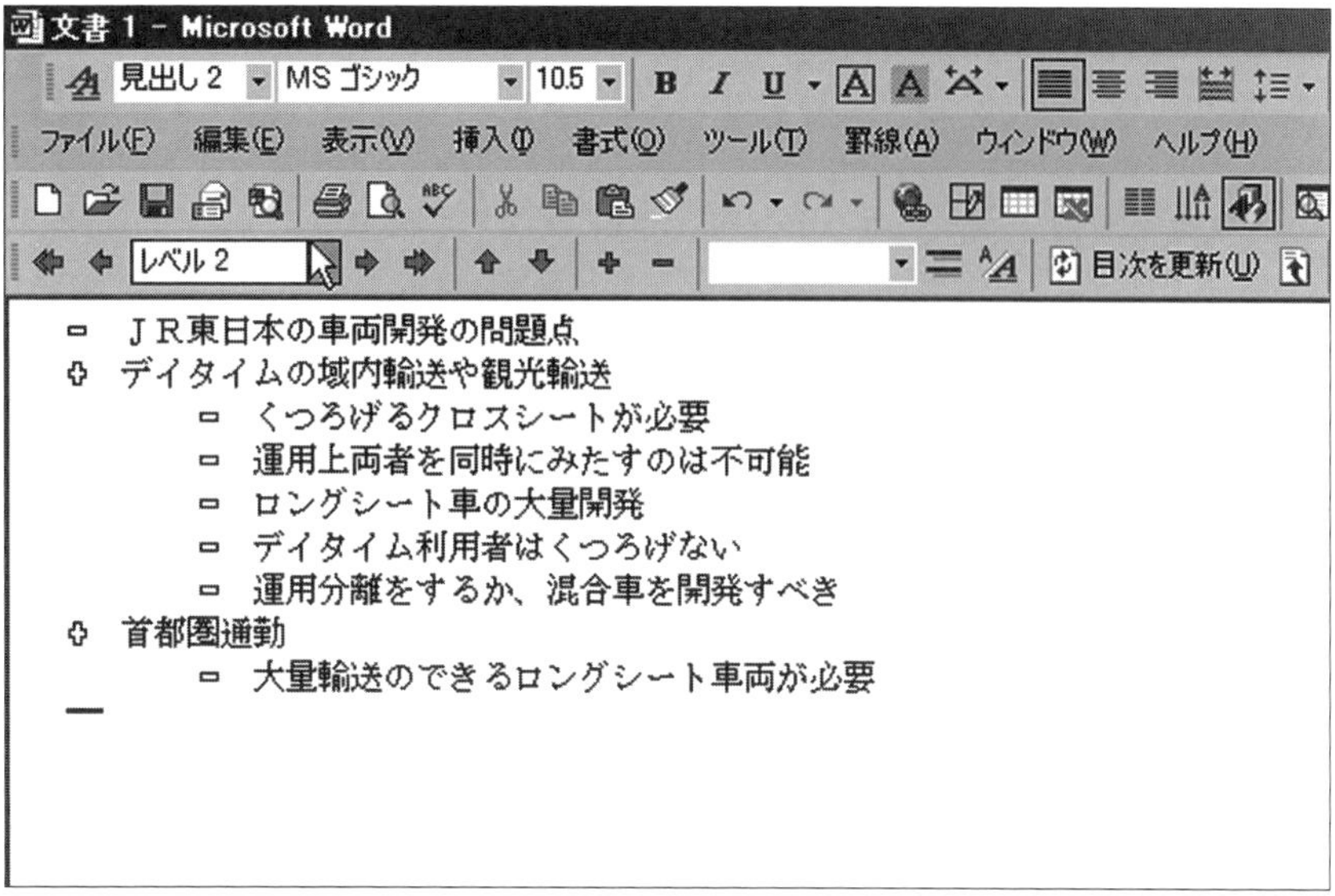

写真 3　ワードによるアウトラインの作成例

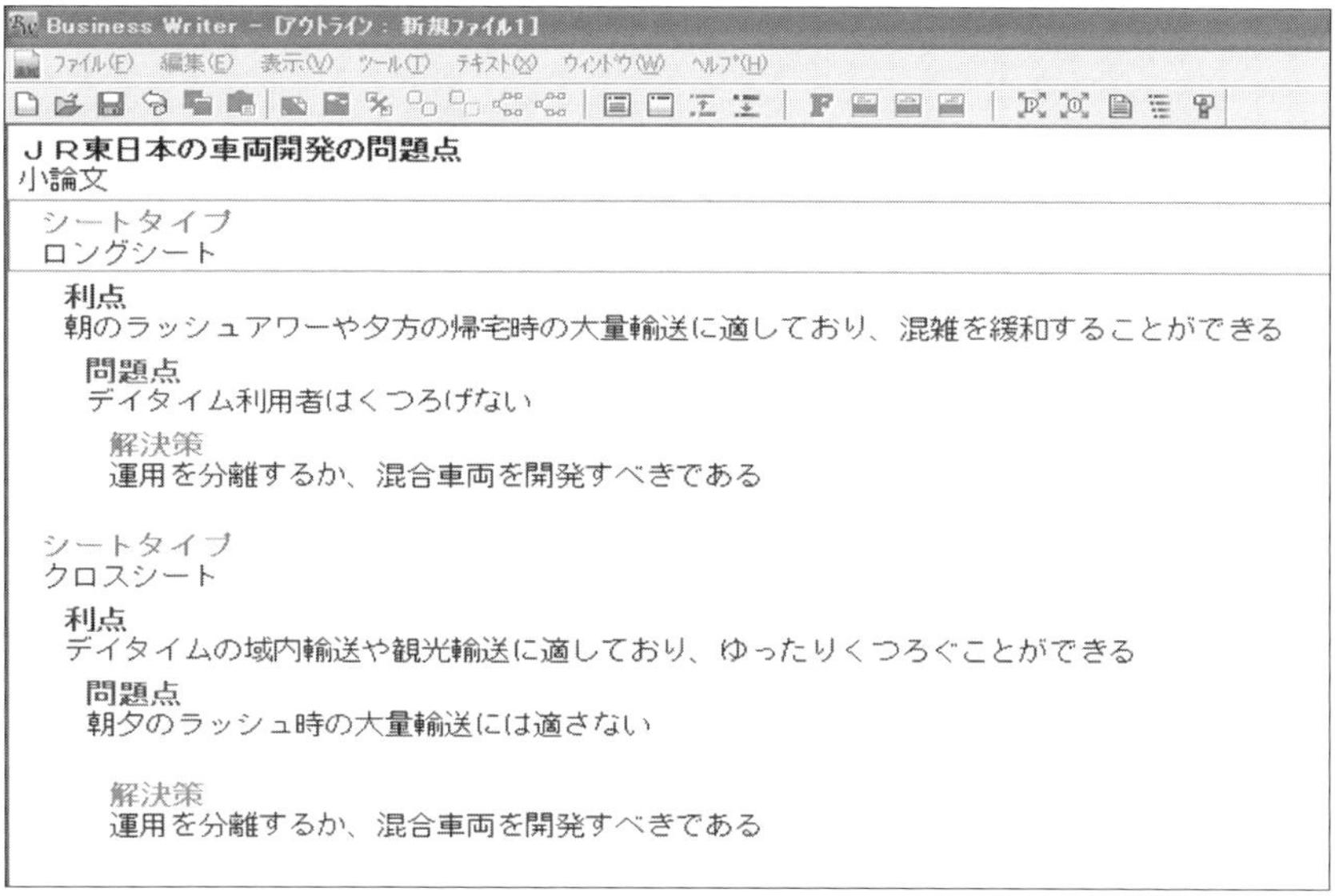

写真 4　ビジネス・ライターによるアウトラインの作成例

Step ❷ アウトラインを下書きに活用しよう

アウトラインが出来たら、いよいよ下書きを書いていこう。アウトラインさえできていれば、思わぬ方向に文章が流れてしまうことは無いから、書きたいところから書いていくことができる。文章の途中から書くというのも落ち着かないものだが、卒業論文のような長編の場合、調査が終わったところから、あるいは最後の結論部分から書いていくのも一案だと思ってもらいたい。そのためにアウトラインがあるのだから安心して書いていこう。

次ページ上段の写真5は、「ワード」で左側にアウトライン、右側に下書き画面を表示させる「見出しマップ」という機能を活用した例である。また次ページ下段の写真6は、「ビジネス・ライター」によるワード等の外部アプリケーションにアウトラインを出力しようとする操作場面である。アウトラインまでしっかり作れば、使い慣れたソフトでの下書きが可能である。

●アウトラインを活用した下書きの方法

アウトラインを活用することで、首尾一貫した下書きを作ることができる。

【ワードによる見出しマップの作成】

「ワード」で作ったアウトラインを写真5のように下書きで活用するためには、次のようにすればよい。まず、アウトライン画面を、

①表示　②下書き　で下書き画面に戻した後、
①表示　②見出しマップ　で見出しマップ画面にし、

左側のアウトラインを参照しながら右側の下書き画面で下書きを作っていく。

【ビジネス・ライターを活用した下書き】

ビジネス・ライターで作成したアウトラインは、そのままアウトラインを活用してビジネス・ライターで下書きをすることができる。またビジネス・ライターは写真6のように、外部アプリケーションにアウトラインを出力し、ワードや一太郎、ノート・パッド等、使い慣れたソフトで下書きをすることもできる。

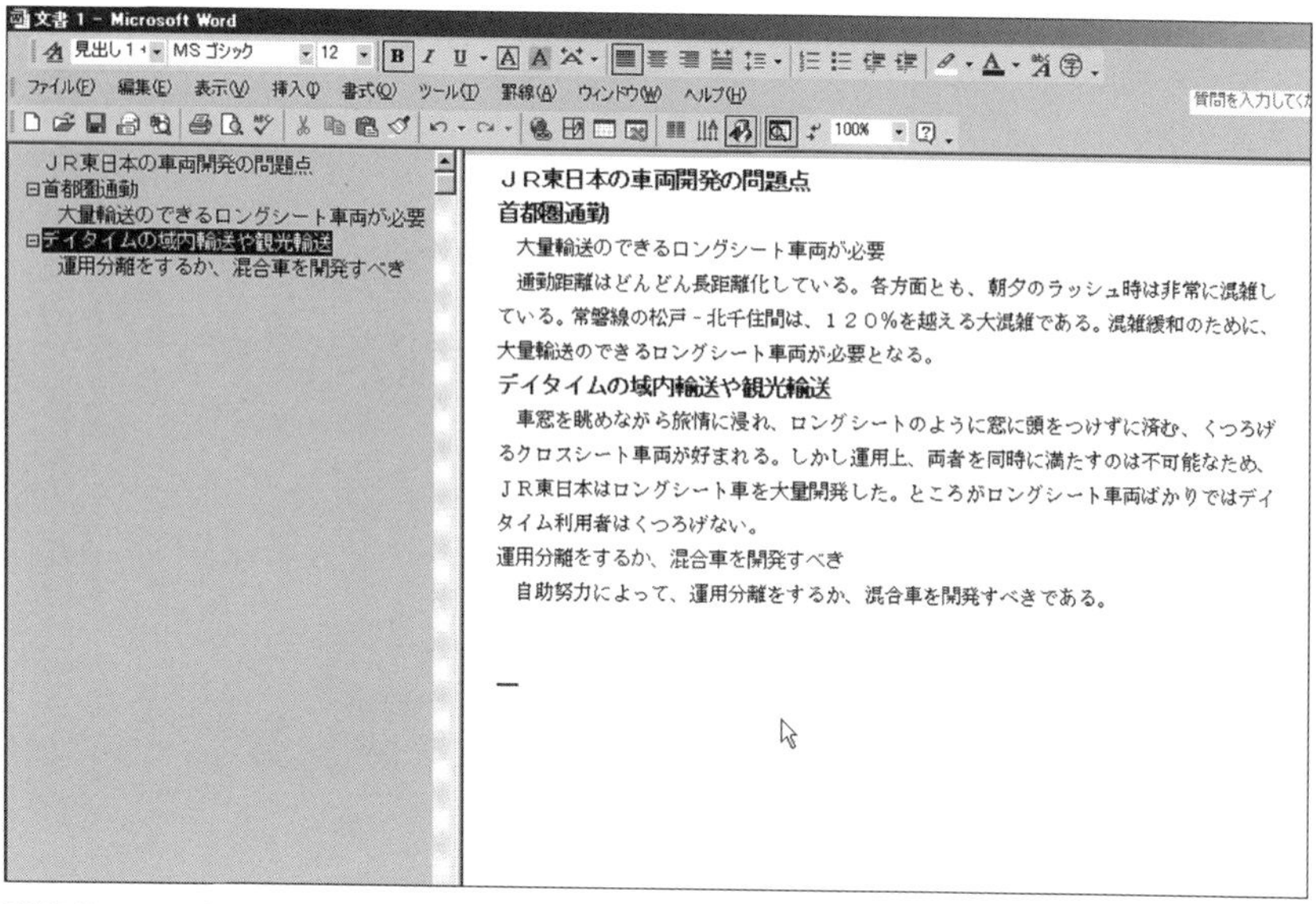

写真５　ワードによる見出しマップの例

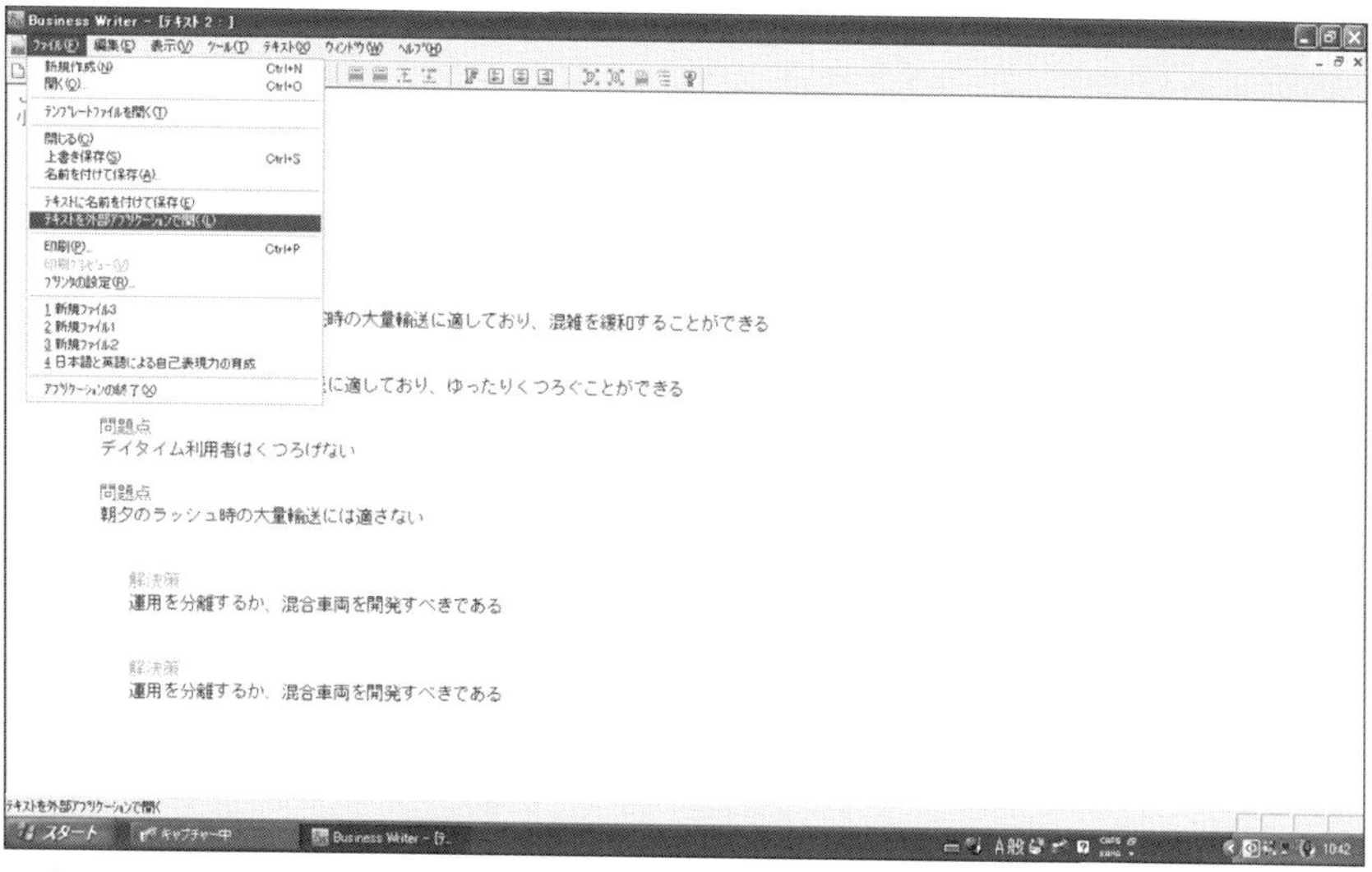

写真６　ビジネス・ライターをワード等の外部アプリケーションで開く

Step 3 アウトラインのポイント

アウトラインを作る時に下書きの内容まで予測できれば一番いいのだが、実際は構想のマップのキーワードを並べ替えたに過ぎないことが多い。アウトラインはできたのに、下書きが一向に進まない場合、次のような点をもう一度見直してほしい。

①レベル付けが本当に正しいか？

レベル1よりもレベル2の方がより大きな概念を表す内容であれば、レベルの入れ替えをする必要がある。レベル2は、レベル1をサポートするものでなければならないし、レベル3はレベル2をサポートするものでなければならない。つまり、レベル1を具体化したものがレベル2であり、3であり、4であるわけだ。

②キーワードが【見出し】になっているか？

キーワードは「戦争」や「平和」など単語そのものでも良いが、アウトラインで使う時点できちんとした

●アウトラインの型

アウトラインの型には様々なものがあるが、代表的なものとして、次のような五つの型があるので参考にしてほしい。

・**順序**

順序には、時間的な順序と空間的な順序があり、飛躍しないように気をつけながら読み手に分かりやすい順番に述べていく構成となる。

・**問題と解決**

論文の多くは、この型で書かれることが多い。何か解決すべき問題を提示し、それに対して有効な解決方法を提示するという構成だ。

・**原因と影響**

例えば、大気が汚染されているということを影響とすれば、「なぜ」汚染されたのか、原因を探るのがこの構成だ。「問題と解決」とともに、卒業論文などには多く見られる構成で、「原因」の究明が論文の核となる。

見出しに直す必要がある。例えば、「戦争」ではなく、「戦争はすべきではない」と見出しに主張を盛り込むべきだ。同様に「平和」も、「平和を守るために」などと、キーワードを使って自分の考えを含んだ見出しにする必要がある。

③全体として一つの構成になっているか？

アウトラインは分かりやすいものでなければならない。書き手のみならず、第三者である読み手が分かりやすいアウトラインであるかどうかをもう一度チェックしてみよう。アウトラインには様々なものがあるが、例えば、「問題」が書いてあれば、「解決」部分が必要だし、「影響」が書いてあれば、「原因」部分が必要だ。

・**比較**

二つのものを「比較」することで、その共通点と相違点を明らかにするというアウトラインである。このアウトラインの型を選ぶ場合、何と何を比較するかが肝心で、明らかに類似したもの同士、あるいは全く異なるものを比較しても説得力はないだろう。比較ができる同類のもので、相違点があるものを選び、比較する必要がある。

・**詳細な叙述**

あるテーマについて顕著な例があれば、徹底的にそれを詳述するというアウトラインの型もある。その場合、単に詳述する例について詳しく書くだけではなく、それが何を意味するのか、分析的に書くことが必要だ。

第3章　推敲に電子ツールを生かそう!

Step ❶ 全体的内容の推敲

アウトライン機能を使ってとりあえず、下書きを完成させる。その後、本当に自分の伝えたいことが読み手に伝わるだろうかと不安になる。一生懸命書いたつもりでも、言葉が足りなかったり、読み手には分かりにくい表現であったり、言いたいことを伝えることは難しい。

そこで、まず細かい部分に対してではなく、文章全体のイメージを読み手にコメントしてもらうことは書き手に大きな指針を与えることになる。だれかにざっと目を通してもらうことで、読み手を意識することもできる。

下書きが完成したら、「ワード」の表作成機能を使って次ページの写真7のようなコメントシートを作ろう。

●コメントシートを作ろう!

コメントシートは、「ワード」の表の作成機能を使って簡単につくることができる。まず、カーソルを下書きの文頭に置いておく。そして、

①罫線　②挿入　③表

とすると、「表の挿入」というボックスが立ち上がる。そこで、「列数」は「3」、「行数」は「2」とすると、下書きの上に表が出来上がる。その表の左下の欄に、下書き全文を「切り取り」したものを、「貼り付け」ればコメントシートの出来上がりである。「インスピレーション」で作った文章もツールバーから、「編集」を選び、「全文コピー」を選んで「ワード」に「貼り付け」れば、同じようにコメントシートを作ることができる。

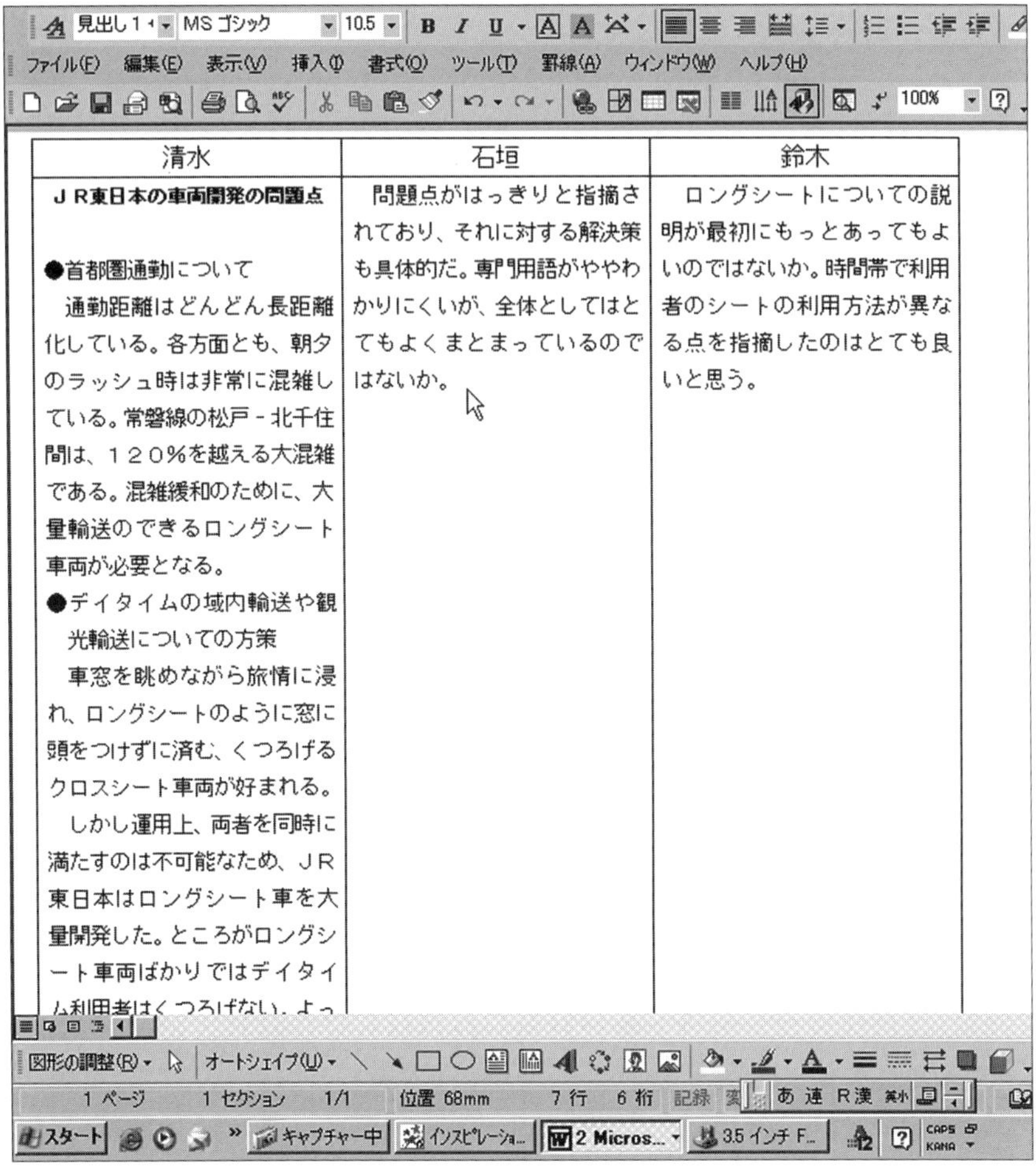

清水	石垣	鈴木
ＪＲ東日本の車両開発の問題点 ●首都圏通勤について 通勤距離はどんどん長距離化している。各方面とも、朝夕のラッシュ時は非常に混雑している。常磐線の松戸－北千住間は、１２０％を越える大混雑である。混雑緩和のために、大量輸送のできるロングシート車両が必要となる。 ●デイタイムの域内輸送や観光輸送についての方策 車窓を眺めながら旅情に浸れ、ロングシートのように窓に頭をつけずに済む、くつろげるクロスシート車両が好まれる。 しかし運用上、両者を同時に満たすのは不可能なため、ＪＲ東日本はロングシート車を大量開発した。ところがロングシート車両ばかりではデイタイ	問題点がはっきりと指摘されており、それに対する解決策も具体的だ。専門用語がややわかりにくいが、全体としてはとてもよくまとまっているのではないか。	ロングシートについての説明が最初にもっとあってもよいのではないか。時間帯で利用者のシートの利用方法が異なる点を指摘したのはとても良いと思う。

写真７　ワードによるコメントシート作成の例

Step ❷ 特定箇所についてコメントしよう！

文章全体について、読み手がどんなイメージを持っているかはＳｔｅｐ１のコメントシートから大体の想像はつくだろう。ここでは、伝えたいことをより正確に伝えるために、文章の内容についてコメントを得る方法を述べる。

Ｓｔｅｐ１とは異なり、特定箇所について特定のコメントを得ることが目的だ。そのために、次のような点についてコメントしてもらうようにお願いしよう。

- 最もよいところはどこか？
- 最も勉強になったところはどこか？
- もっと知りたいところはどこか？
- もっと詳しく書いたほうがよいところはどこか？
- わかりにくいところはどこか？
- 不必要なところはどこか？
- 改めたほうがよいところはどこか？

● 「ワード」・「一太郎」のコメント機能を使ってみよう！

【ワードの場合】

「ワード」のコメント機能を使えば、まるで付《ふ》箋《せん》紙を貼るように特定箇所にコメントをすることができる。まず、

①表示　②ツールバー　③チェック／コメント

にして、コメントのツールバーを表示させる。そして、コメントをしたい箇所をポインタを使って選択し、「新しいコメント」のボタンをクリックするとコメントボックスが現れるので、そこにコメントをする。

【一太郎の場合】

「一太郎」の場合は、まずコメントをしたい箇所をポインタを使って選択する。そして、

①挿入　②コメント　③付箋を貼る

で、写真８のように付箋紙状のボックスにコメントをすることができる。

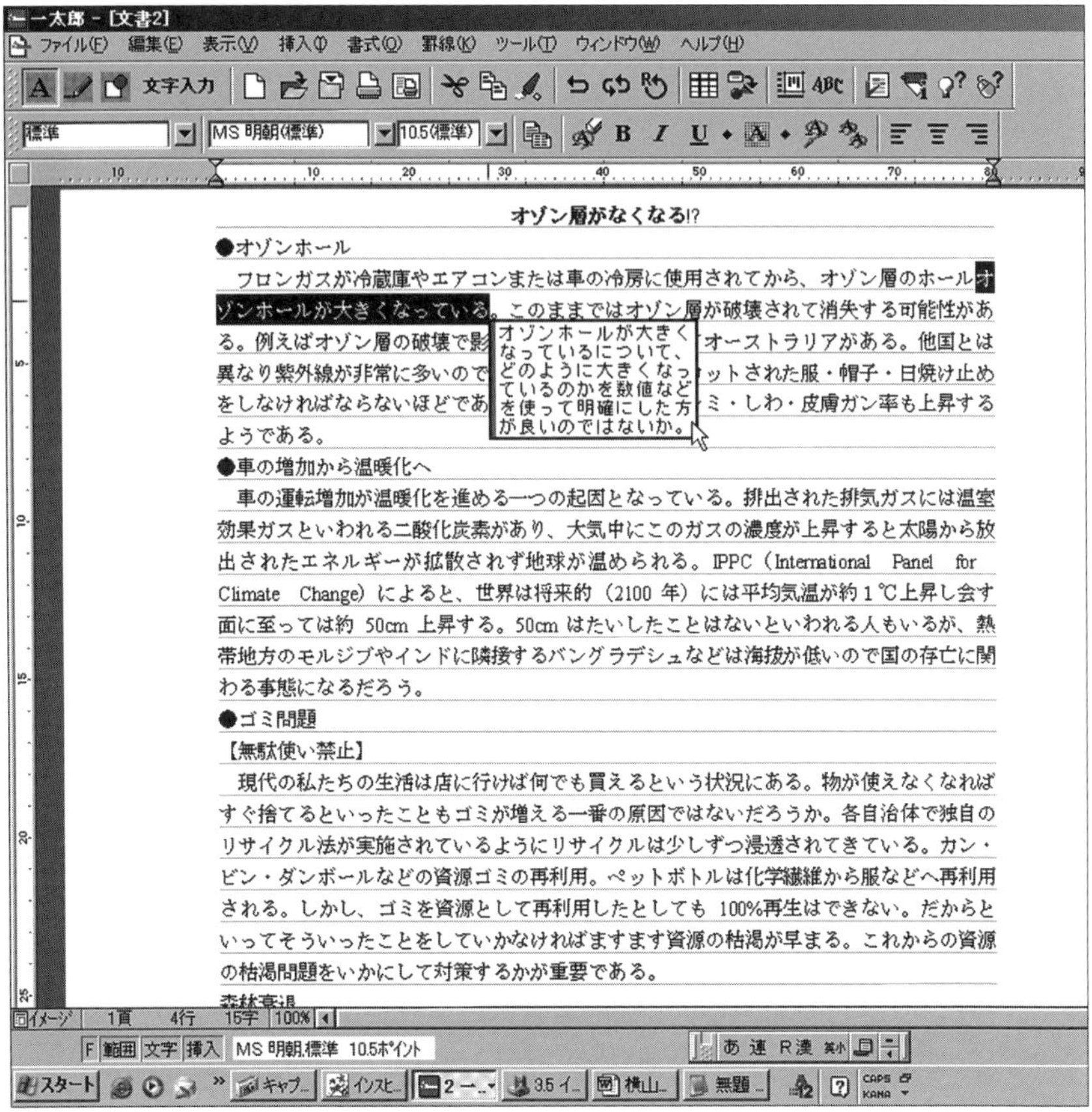

写真8　一太郎のコメント機能の例

Step ❸ 編集作業をしよう!

文章の特定箇所について内容の推敲ができたら、誤字脱字や表記などに誤りが無いか編集作業をすべきだ。これもまた「ワード」のコメント機能を使って作業を行うことができる。Ｓｔｅｐ２の内容についてのコメントとは異なり、挿入や削除など直接文章に手を入れることになる。特に次のような点に注意して編集作業を行おう。

・「です・ます体」と「である体」が混ざっていないか?
・「~の~の~の」や「~て~て~て」のように同じ助詞が連続して使われていないか?
・二文にできる長い一文はないか?
・語尾が重複している文が続いていないか?
・「しかし」などの逆接の接続詞が連続して使われていないか?

●「ワード」・「一太郎」の編集機能を使ってみよう!

【ワードの場合】

先ほどの**コメントのツールバー**から「**変更履歴の記録**」のボタンを使い、挿入や削除の記録を残すことができる。これによって、どこにどう手が加えられたのかを明らかにすることができる。そしてツールバーから「**変更の承諾**」もしくは「**変更/削除を元に戻す**」をクリックして、各変更箇所を確定させる。

【一太郎の場合】

「一太郎」の場合は、「**添削**」機能がある。添削機能にするためには、

①ツール　②添削　③添削モードの開始

で「ワード」の場合と同様に挿入や削除の記録を残すことができる。添削をした後、同じ手順で③「**添削モードの終了**」にし、各変更箇所を右クリックして「**反映**」か「**取消**」で確定させていく。

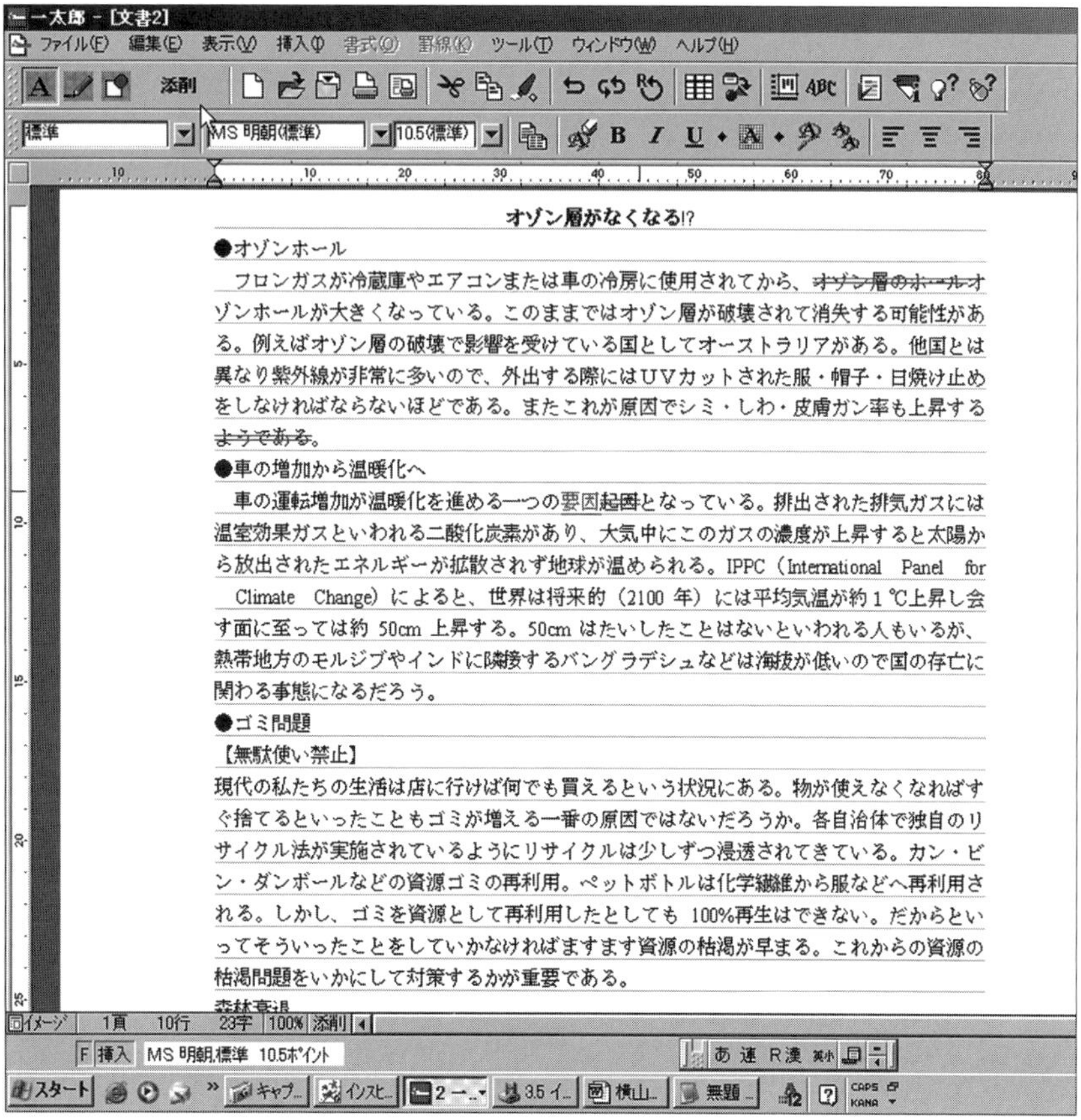

オゾン層がなくなる!?

●オゾンホール

フロンガスが冷蔵庫やエアコンまたは車の冷房に使用されてから、~~オゾン層のホール~~オゾンホールが大きくなっている。このままではオゾン層が破壊されて消失する可能性がある。例えばオゾン層の破壊で影響を受けている国としてオーストラリアがある。他国とは異なり紫外線が非常に多いので、外出する際にはＵＶカットされた服・帽子・日焼け止めをしなければならないほどである。またこれが原因でシミ・しわ・皮膚ガン率も上昇する~~ようである~~。

●車の増加から温暖化へ

車の運転増加が温暖化を進める一つの要因~~起因~~となっている。排出された排気ガスには温室効果ガスといわれる二酸化炭素があり、大気中にこのガスの濃度が上昇すると太陽から放出されたエネルギーが拡散されず地球が温められる。IPPC（International Panel for Climate Change）によると、世界は将来的（2100 年）には平均気温が約１℃上昇し会す面に至っては約 50cm 上昇する。50cm はたいしたことはないといわれる人もいるが、熱帯地方のモルジブやインドに隣接するバングラデシュなどは海抜が低いので国の存亡に関わる事態になるだろう。

●ゴミ問題

【無駄使い禁止】

現代の私たちの生活は店に行けば何でも買えるという状況にある。物が使えなくなればすぐ捨てるといったこともゴミが増える一番の原因ではないだろうか。各自治体で独自のリサイクル法が実施されているようにリサイクルは少しずつ浸透されてきている。カン・ビン・ダンボールなどの資源ゴミの再利用。ペットボトルは化学繊維から服などへ再利用される。しかし、ゴミを資源として再利用したとしても 100%再生はできない。だからといってそういったことをしていかなければますます資源の枯渇が早まる。これからの資源の枯渇問題をいかにして対策するかが重要である。

森林章退

写真９　一太郎の編集機能の例

表現の探求

論文作成後について

構想、構成、下書き、推敲、編集といくつものステップを経て作り上げられた文章はかなり練り上げられた文章だ。そこで、編集を経た文章はぜひ多くの人の目に触れるようにしたい。その方法として、新聞や雑誌の投稿論文として生かすという方法がある。掲載されるかどうかは別として、投稿することで掲載された文章を分析的に読む機会が増えるであろうし、結果として掲載される文章も書けるようになるものだ。

あるいは、書いた文章を保存して置いて、十枚ほど集まったところでエッセイ集にするというのも良い方法だ。

また、人を集めて同人誌を作るのもよい。お互いに読み手にも書き手にもなれるので、その活動自体が文章力をつける大きな原動力となる。

●段組で読みやすく

新聞や雑誌を見ても分かるように、私たちの目に触れる多くの文章は二段組以上の段組がなされていることが多い。実際、横書きの段組なしは読みにくい。そこで、電子ツールによる原稿なら簡単に段組にすることができるので、段組にして読みやすい体裁に整えよう。

【ワードの場合】

「ワード」の場合は、次のような手順で段組にすることができる。

①書式　②段組

で「段組み」のボックスが現れるので、何段組にするかを選べばよい。

【一太郎の場合】

①書式　②段組　③設定

にして、設定の中から九段組まで選ぶことができる。

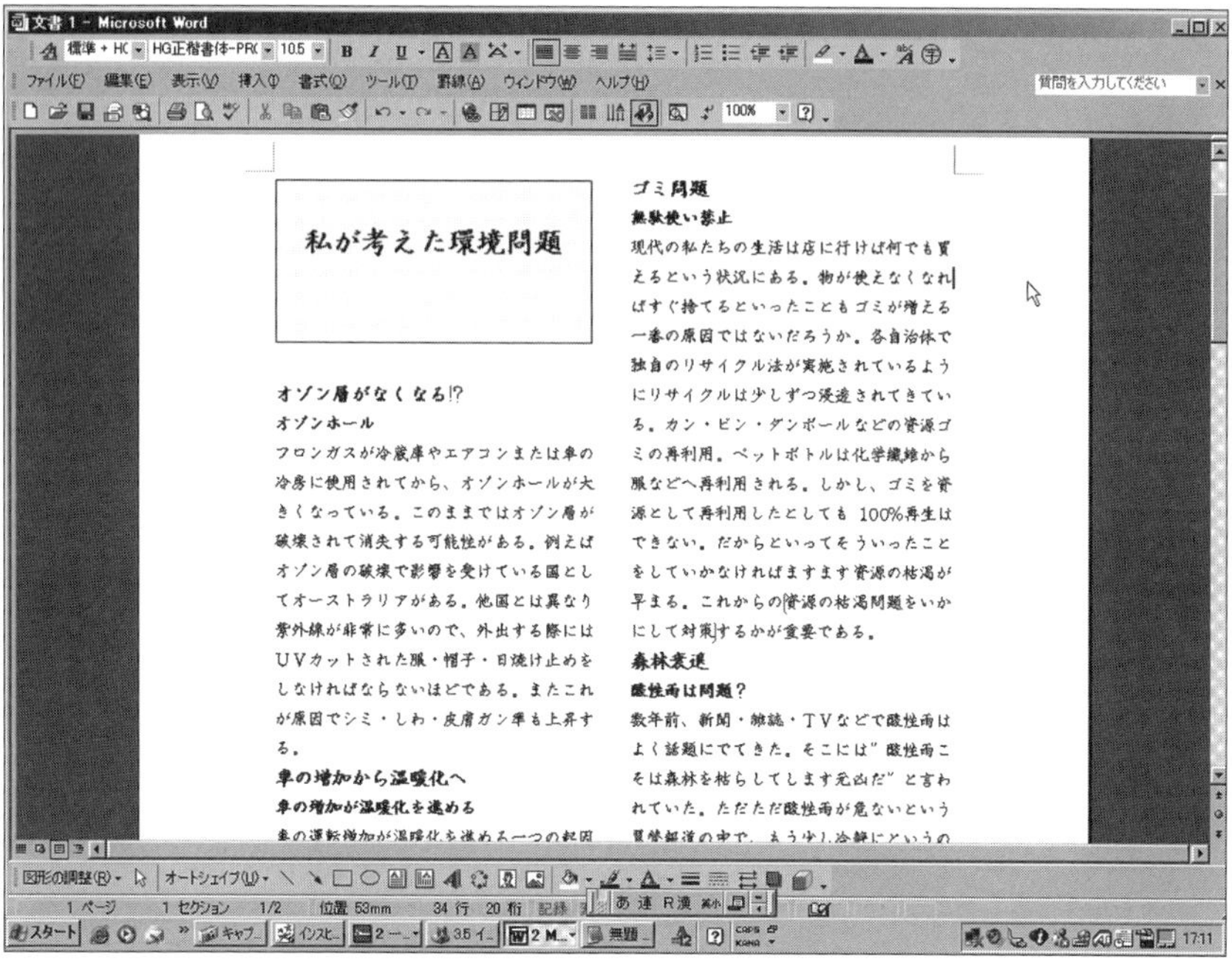

写真10　ワードによる段組の例

第7部

電子ツールを用いたプレゼンテーション

パワーポイントを用いてスライドを作成し、自分の考えを聴衆に説明（主張）するためのレッスンを行う。自分の考えを相手に伝える際には、言葉による説明だけでなく、視覚的な情報を提示することで、内容の理解を深めさせ、より強く記憶に残させる可能性が高まる。大学の研究発表の場だけでなくビジネスの場でもこのようなプレゼンテーションのあり方が増えているので、ぜひマスターしよう。

第1章　プレゼンテーションの基本

Step ❶ プレゼンテーションの目的

プレゼンテーション（以下プレゼンと略す）とは、スライドなどの視覚的効果を利用しながら、聴衆の前で説明、あるいは、主張することである。プレゼンの方法について考える前に、まずここでは、プレゼンの目的は何かということから考えていこう。目的をはっきりと意識することが、良いプレゼンにつながるからだ。

●プレゼンの目的は聞き手を変えること

プレゼンの目的は、そのプレゼンを聞いた人を変えるということだ。もし、あなたがあるプレゼンを聞いて、自分が全く変わらなかったと感じたら、実質的にはそのプレゼンを聞かなかったのと同じことである。プレゼンの目的は聞き手を変えるということであり、もし聞き手が変わったらそのプレゼンはうまくいったと認定されることになる。

それでは、聞き手の何を変えるのだろうか。それには三つある。

①聞き手の知識を変えること。
②聞き手の技能を変えること。
③聞き手の態度を変えること。

順に説明していこう。

第一の目的は聞き手の知識を変えることである。聞き手が今まで持っていなかった情報を提供し、受け入れてもらい、その結果、話し手と同じ情報を共有するということだ。あるいは、聞き手がすでにもっている知識を変えて、新しい知識に置き換えてもらうということである。例えば、研究発表や新製品のプレゼンなどがこれにあたる。新しい知識を聞き手に共有してもらうということがこのプレゼンの目的である。

プレゼンの第二の目的は聞き手の技能を変えることである。聞き手が今までもっていなかった技能（スキル）を獲得する方法を提供し、結果として、聞き手は新しい技能を獲得することになる。この目的を主眼にしたプレゼンは、実習を伴っていることが多い。その場合は、ワークショップという名前を使うこともある。例えば、応急処置の講習会やはがき絵の描き方などのプレゼンがこれにあたる。新しい技能を聞き手に共有してもらうということがこのプレゼンの目的である。

プレゼンの第三の目的は聞き手の態度を変えることである。聞き手が今までもっていなかった考え方を理解し、受け入れてもらい、その結果として、聞き手は新しい態度を獲得することになる。例えば、環境問題や政治的な問題についてのプレゼンがこれにあたる。環境問題のプレゼンが終わったあとに、会場がゴミだらけであったとしたら、そのプレゼンは失敗したとしかいえないだろう。新しい態度を聞き手に獲得させるというのがこのプレゼンの目的であるからだ。

以上、プレゼンの目的として、聞き手の知識・技能・態度を変えるということを述べた。実際のプレゼンでは、この三つの目的が混在していることもある。いずれにしても、そのプレゼンを聞いた人を変えるということが、プレゼンの究極の目的である。

●プレゼンの目的ではないこと

聞き手を変えることがプレゼンの目的であるとすれば、これから外れるものはプレゼンの目的ではない。例えば、学校の授業の最後に、学生がよくわかったかどうか確認するという目的でプレゼンが使われることがある。こうしたことはプレゼンのトレーニングとしてはよいだろうが、本来プレゼンの目的ではないこと（つまり、学生をテストすること）のためにプレゼンを用いている。そのことをよく意識しておくことだ。こうしたプレゼンばかりをしていると、自分が調べたことをただ垂れ流すことがプレゼンだと勘違いしてしまう。それはプレゼンとは呼べない。

プレゼンの目的はあくまでも聞き手を変えることだ。このことをいつも念頭に置いておこう。

Step ❷ プレゼンはコミュニケーションである

聞き手を変えることをプレゼンの目的として規定すると、次にすることが決まってくる。それは、プレゼンはコミュニケーションでなくてはならないということである。

●まず聞き手に受け入れてもらう

プレゼンはコミュニケーションでなくてはならない。コミュニケーションが成立するためには、話し手と聞き手とが共通のものをもっているという状態でなければならない。どんなに高尚な話であっても、それが聞き手に理解されなければコミュニケーションは成立しない。理解できないことは、共有できないからだ。コミュニケーションを成立させるためには、まず聞き手に受け入れてもらうことが必要だ。

プレゼンする内容をまず受け入れてもらうためには、その内容が明確であることが条件である。説明したり主張したりする内容をよく整理し、できるだけシンプルなメッセージにまとめることである。どんな内容を盛り込むかということよりも、余分なものを捨てることの方が重要である。

●次に聞き手に検討してもらう

シンプルなメッセージを受け入れてもらったら、その次に聞き手にそれを検討してもらう。一度受け入れたメッセージを良いものとして自分のものとするか、あるいは良くないものとして捨てるかどうかは聞き手が決める。メッセージを発することは誰にでもできる。しかし、そのメッセージを検討してもらうためには、そのための材料を提示することが必要である。検討のための材料を提示することがプレゼンの本体となる。

聞き手が、何を自分のものとして、何を捨てたかということが明確にわかるのは、質疑応答の場面である。質問を受けるときに、自分のプレゼンがどのように受け取られたのかがよくわかる。その意味では質疑応答は話し手に重要なフィードバックをもたらす。

Step ❸

プレゼンは何で決まるか

●事前の準備が自信を生む

プレゼンの良し悪しは、その内容ではなく、話し手の印象で決まるといわれることがある。だから服装や身だしなみが大切だというのである。確かにその人の外見は、初めて見たときには何らかの印象を与えるかもしれない。しかし、プレゼンを聞くうちにすぐに慣れてしまい、気にならなくなる。つまり、話し手の外見は決定的な要因ではない。

では何がプレゼンの印象を決めるか。それは、話し手の態度である。話し手が堂々として、落ち着いているかどうか、揺るぎない自信が感じられるかどうかということがプレゼンの印象を決めるのである。しかし、だからといって「堂々とした態度でプレゼンをしなさい」というのは無茶な要求だ。誰でも大勢の前でプレゼンすることは、不安であり、どきどきするものである。その不安を消すものは、プレゼンすることへの没入である。つまり、そのプレゼンに対してどれくらい入れ込んでいるか、時間をかけて準備をしたかということが、態度を決めるのである。だから、堂々とした態度でプレゼンをしたいのであれば、内容の準備に時間をかけることだ。そうすることが堂々とした態度を生み、その結果として良い印象につながる。

●過度に自分らしさを強調しない

ひとつとして同じプレゼンはない。自分がやれば、自分らしいプレゼンになる。プレゼンの自分らしさは、プレゼンする内容への自我関与が決める。自分らしさをわざわざ出そうとする必要はない。時間をかけて準備した内容を発表するだけで、それはあなた自身のものになる。恐らく与えられたプレゼンの時間は、あっという間に終わるだろう。それが没入したということだ。そのとき、聞き手は全員、新しいあなたを発見するだろう。それはあなたにとっても新しい自分なのである。

第2章　スライドのデザインと制作

Step ❶ 何のためにスライドを作るのか

最近のプレゼンでは、パソコンに接続した液晶プロジェクタを使って、スライドを投影することが普通になってきた。以前から使われてきた、透明フィルムをＯＨＰ（オーバーヘッドプロジェクタ）で投影する方法は、こうしたパソコン利用に取って代わられつつある。スライド投影を使うのは、それがプレゼンの効果を上げるからである。まず、その理由を見ていこう。

●心理学的な理由

記憶の研究によると、人は外からの刺激を言語的なコードとイメージ的なコードに符号化しているのではないかという仮説がある（二重符号化説）。これは、言葉で与えられたことをイメージ化すると記憶に残りやすいという日常的な経験からも支持される。この仮説に従って考えるならば、プレゼンするときに、言葉による説明だけではなく、イメージ的（視覚的）な情報を聞き手に提示することによって、その内容をより強く記憶に残せるのではないかと期待できる。

このようにプレゼンでスライドを使うのは、言語的な情報とイメージ的な情報が同時に提示されたときに記憶に残りやすいという心理学的な効果が期待できるからである。これがスライドを使う第一の理由である。

●実用的な理由

プレゼンでスライドを使うことの第二の理由は、実用的なものである。

①まず、スライドを使うことによって、聞き手の目を発表者の方に向けることができる。

もしスライドの提示がなければ、聞き手は時間とともに、手元の資料を見たり、あるいは自分の手帳を見るなどして、別のことを考え始める。そうすると、聞き手の視線は下に落ち、プレゼンをする人の声にも注意がいかなくなり、だんだん眠くなる。どんなにプレゼンの内容がよいものであるとしても、聞き手の注意を引きつけなければプレゼンはうまくいかないのである。聞き手の目と耳とをプレゼンにしっかり引きつけるためには、わかりやすく、見やすいスライドを提示することが必要なのだ。

②スライドの実用的な効用は、プレゼンをガイドするものとして役立つということだ。

話し手にとっては、自分の作ったスライドを見ながら発表することによって、スライドが台本代わりになる。そうすれば、発表の内容をとばしてしまったり、途中で話すことがわからなくなってしどろもどろになったりすることはなくなる。たとえ発表に慣れていなくて、あがってしまったとしても、スライドを見れば、話すべきことはそこに書いてあるので、安心して話すことができる。

●台本を読み上げない

スライドは自分が話す内容の台本として使えるので、話し手は台本を手元に持つ必要がない。台本の必要がないどころか、話し手は台本を持って壇上に上がってはいけない。たとえ、台本を作ったとしても、それを持ってはいけない。その理由は、台本を持つとそれを読み上げてしまうからである。聞き手にとって、原稿を読み上げられることほど、つまらないことはない。そんなことをするくらいなら、初めから台本を印刷して配ればよいではないか。そうではなく、話し手の生の言葉を聞きたいからプレゼンを聞きに来るのである。台本を見るのではなく、スライドを見ながらプレゼンをしよう。

Step ❷ スライドには何を書くか

スライドの効用については理解できたと思う。それでは、スライドには何を書けばよいのだろうか。それを考える前にまず、「こんなスライドはダメ」というものをあげていこう。こういうスライドがけっこうたくさんあるのだ。

●ダメなスライドのパターン

①文章が長々と書いてあるパターン

ダメなスライドのパターン1は、「文章が長々と書いてある」ものだ。わざわざスライドを作る時間がなかったのだろうか、原稿をそのままコピー・ペーストしたようなスライドである。一枚のスライドに文章をたくさん載せてしまうと、それだけでスライドの効果はなくなってしまう。前に述べたように、スライドを使う意味はプレゼンの内容をイメージ化することにある。文章が書いてあれば、聞き手はそれをイメージ化するよりも、それをそのまま読んでしまおうとする。その結果、聞き手の耳にはあなたの話は入ってこないだろう。文章を読むことに注意が奪われてしまうからだ。

②字が小さくて読めないパターン

ダメなスライドのパターン2は、「字が小さくて読めない」ものだ。これはパターン1と組み合わせされることが多い。文章が長々と書いてあれば、当然字は小さくなってしまう。字が小さくて読めないスライドはそれだけでプレゼンを台無しにする。読めないスライドを提示されたら、聞き手はノートも取れないし、いらいらすることだろう。その結果、どんなにうまく話しても聞いてもらえない。読めないスライドを提示されるくらいなら、スライドなしで話してもらう方が聞き手にはありがたいくらいだ。

③枚数がたくさんあるパターン

ダメなスライドのパターン3は、「枚数がたくさんある」ものだ。プレゼンの時間が決まっていれば、自然にスライドの適切な枚数は決まってくる。それにもかかわらず、たくさんのスライドを作りすぎてしまうと、時間内に提示することができずに、最後にはとばしすことになる。これは聞き手にとっていらいらするものである。ぱっと見せられてすぐにとばされたスライドほど気になるものだ。

ダメなスライドのパターンは理解できたと思う。少なくともこうしたスライドを避ければ良いものができる可能性が高まる。それではスライドには何を書いていけばよいのだろうか。次に、原稿がすでにできている場合と、スライドを先に作る場合に分けて説明していこう。

●原稿がすでにできている場合

卒論や学会発表・研究会での発表などでは、論文集や予稿集を作るために、発表よりも前に原稿の作成を求められる場合が多い。こうした場合では、先に原稿を作ったのち、発表間際になってスライドを作成するという順番になる。

この場合のスライドの作成は比較的やさしい。論文の章立ての通りにスライドを作っていけばよい。第6部「電子ツールを用いた論文作成法」の第2章で学んだアウトラインを作成してある場合は、それがそのままスライドの内容として使える。分量としては、一段落の内容を一枚のスライドに入れるようにする。一つの段落は、主張を簡潔に示した「トピック文」と、それを支える複数の「サポート文」から成っていることは、あなたはすでに学んでいるだろう（第2部第3章を参照）。したがって、一段落分のスライドは、ひとつの「トピック項目」と複数の「サポート項目」を箇条書きにしたものである。サポート項目はそれほど多くない。一から多くても七までの個数である。箇条書きであるから、長い文章ではなく、キーワードと簡潔な文で書く。通常は最後の「。」を打たない。

●スライドを先に作る場合

原稿がまだできていない状態でスライドを作るのは注意が必要である。なぜなら、文章にするという厳しい洗礼を受けていないために、内容が散漫になってしまう確率が高いからである。内容を散漫なものにしないために、スライドを作る前に、まずアウトラインを作っておこう。アウトラインは原稿の設計図になるものだ。アウトラインを作っておけば、スライドを作るためにも役に立つし、またその後で、原稿を書く場合にも役立つ。

Step ❸ 良いスライドの基本パターン五種類

ダメなスライドのパターンを知ったあなたは、もうスライドに長々と文章を書こうとは思わないはずだ。それでは一枚一枚のスライドはどのようにデザインすればよいのだろうか。それには五種類の基本パターンがある。これに従ってスライドを作れば失敗しない。まずこの基本パターンでスライドを作ろう。それから徐々に自分のスタイルを出していけばよい。最初から突飛なスライドで目を引こうとしても、それはかえって素人くさく見えてしまうものだ。まずスタンダードから出発しよう。

●箇条書き

スライドの大部分を占めるのが箇条書きのスライドである。パワーポイントでは「箇条書きテキスト」というスライドを選べばよい。これは、スライド1のように一つのトピック項目と複数のサポート項目からなっている。サポート項目は多くても五つ以内に抑えるべきである。五つを超える場合は、表形式のスライドにするか、複数枚のスライドにするかを選択する。五つ以内にするのは、心理学での記憶に関する研究成果に基づいている。それによると、人間が一度に記憶に保持できるのは、多くても五つの内容である。したがって、一枚のスライドに五つ以上の内容を書いても、それらは覚えきれず、ただ「たくさんあるな」という印象しかもたらさないのである。だから、項目数は五つ以内に抑えるべきなのだ。

箇条書きスライドでは、スライドが変わると、どのレベルの話をしているのかわかりづらいことがある。例えば、〈スライド1〉（次ページ上段）の次に、そのサポート項目の一つである「聞き手の知識を変える」について詳しく書いた〈スライド2〉（次ページ下段）を作るとき、「聞き手の知識を変える」が〈スライド2〉のトピック項目になる。つまり、〈スライド1〉のサポート項目が、〈スライド2〉ではトピック項目になるわけである。この関係を明示するためには、マークを同じものにするなどの工夫が効果的である。〈スライド1、2〉では「◆1」というようなマークを共通のものにして、レベルが同じであることを示している。

なお、文字の大きさは最低でも24ポイントにする。〈スライド1、2〉では、トピック項目を48ポイント、サポート項目を32ポイントで示した。この大きさでは長い文章を書くと入りきらない。それでいいのである。文章を書くのではなく、項目を箇条書きにする。短く簡潔に、そして大きな文字で。これが鉄則である。

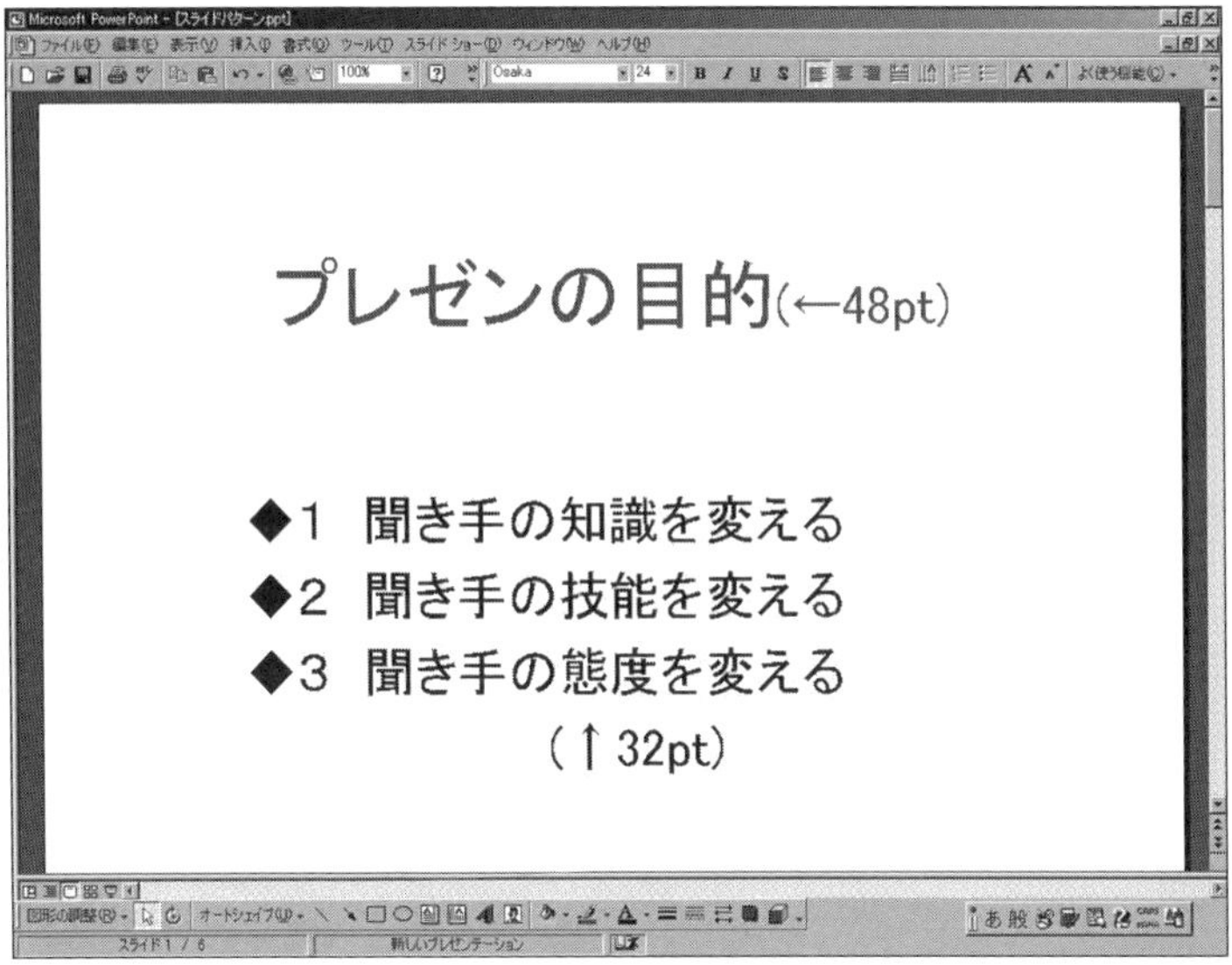

スライド１　箇条書きスライドの典型例

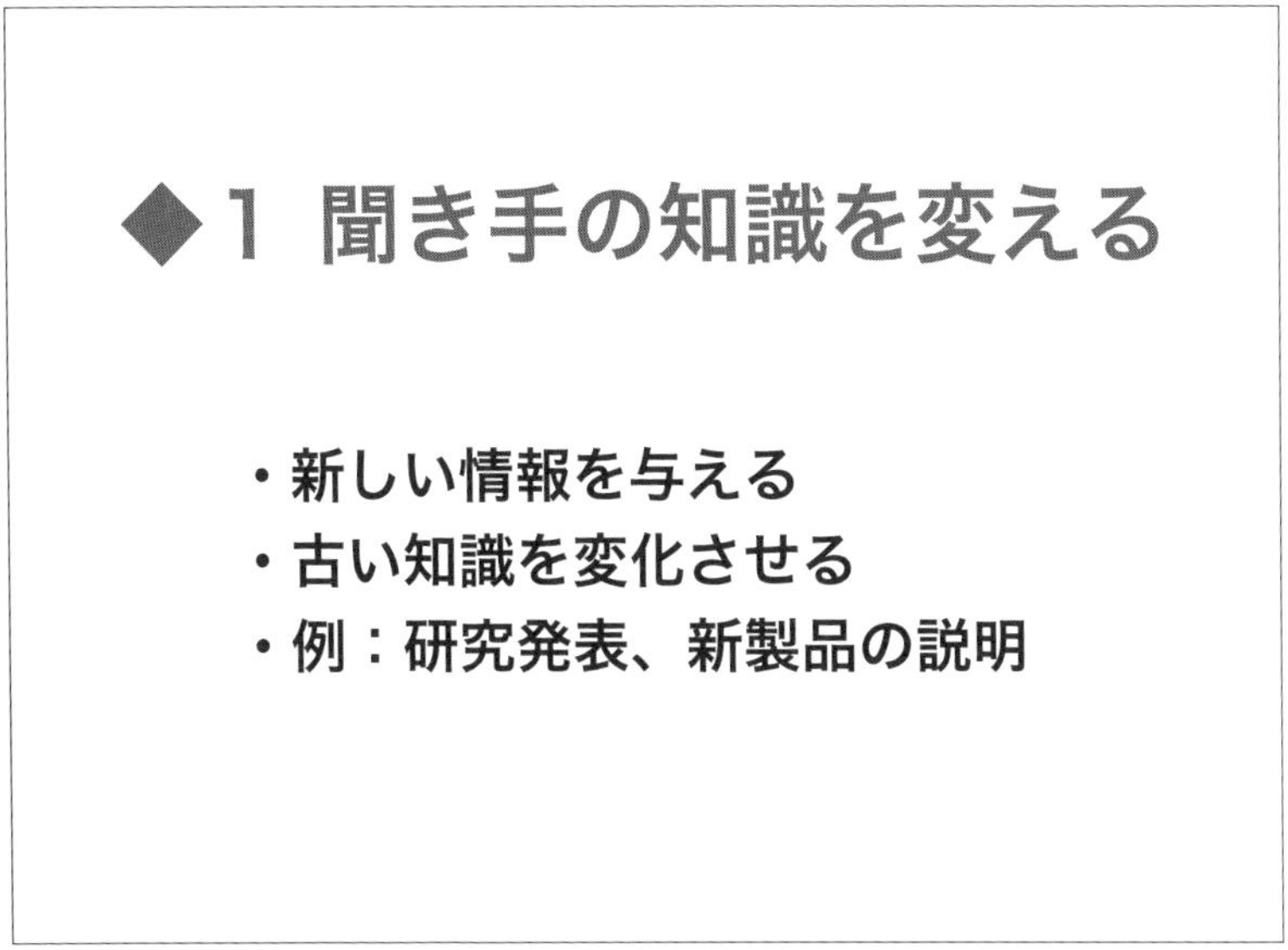

スライド２　マークを使ってレベルを示すとわかりやすい

●表

二番目のパターンは表のスライドである。パワーポイントでは「表」の標準スライドがそのまま使える。下段の〈スライド3〉のように、表のスライドではタイトルを上に付ける。また、一行目と一列目は見出し項目を入れるようにする。例のように、見出し項目に薄く色を付けると表全体が見やすくなる。

ここでも、表の中に書く文字の大きさは最低でも24ポイントである。〈スライド3〉の表の中の文字の大きさは24ポイントになっている。これを見てわかるように24ポイントの大きさでは文字はたくさん書けない。これでよい。小さくて読めない文字に意味はないどころか、聞き手にストレスを与える。できるだけ長い文章を避けて、印象的なキーワードだけで表を作る。書ききれない詳しい情報については、プレゼンをしているときに話で補充すればよいのである。どうしても詳しい表を見てもらいたい場合は、スライドではなく印刷物（ハンドアウト）を配布すればよい。

表1 プレゼンの４つのポイント

	分類	聞き手にこう感じさせること…
A	注意	「おや、おもしろそうだな」
R	関連性	「これは役に立ちそうだな」
C	自信	「聴いたことはできそうだな」
S	満足感	「聴いてよかったな」

スライド3　表のスライドの典型例

●グラフ

三番目のパターンはグラフのスライドである。パワーポイントでは「グラフ」の標準スライドがそのまま使える。ただし、そのままではタイトルが上につくので、下段の〈スライド4〉のように、タイトルを下に移動する。グラフのタイトルを下に付け、一方、表のタイトルは上に付けるのが慣習となっている。

グラフを描くときに注意しなければいけないのは、軸の目盛り、単位、説明を必ず書き入れることだ。〈スライド4〉では、横軸に「テストの時期」という軸の説明と、「直後、一週間後、一ヶ月後」という目盛りが入っている。また、横軸には「保持率（%）」という説明と単位、「0」から「100」までの「20」ごとの目盛りがはいっている。こうした軸の説明もポイント数を大きくしなければならない。

●ダイアグラム

四番目のパターンはダイアグラムのスライドである。これはフローチャートや階層図のようなものを含んでいる。パワーポイントでは「タイトルのみ」の標準スライドを使って、図形を描いていく。このスライドも

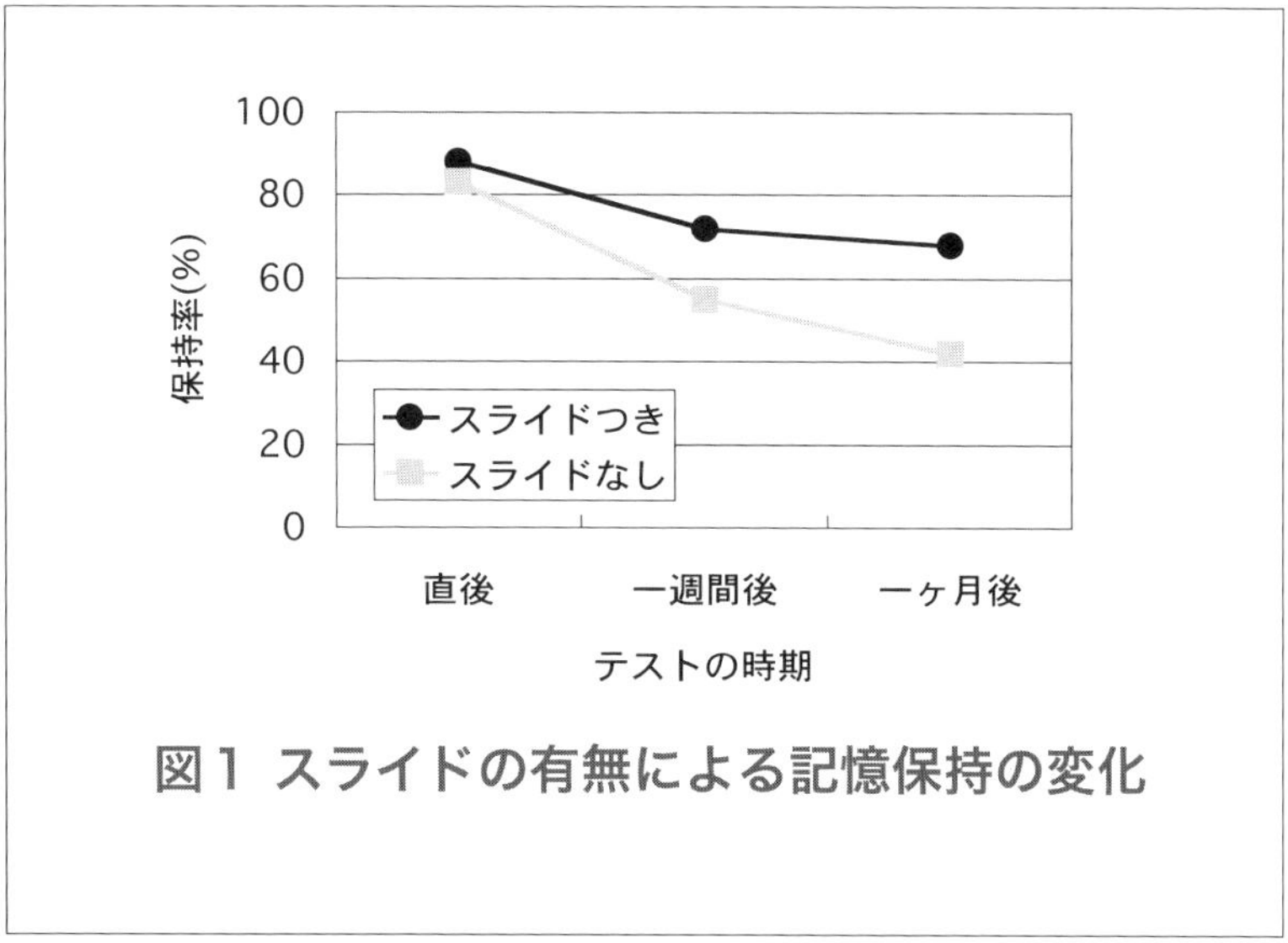

スライド4　グラフのスライドの典型例

グラフのスライドと同じく、タイトルを下に付ける。「タイトルのみ」の標準スライドはタイトルが上に付いているので、下に移動する。

●写真と動画

五番目のパターンは写真のスライドである。これはグラフのスライド形式に準ずる。パワーポイントでは「タイトルのみ」の標準スライドを使うが、グラフのスライドと同じく、タイトルを下に付ける。次ページ上段の〈スライド6〉が写真のスライドの典型例である。

最近では、スライドの中で動画（ムービー）も流せるようになってきた。しかし、動画は長くても三分以内に抑えるべきである。なぜなら、動画を流している間は話が中断してしまうからだ。三分以上も話が中断してしまうなら、それはもはやプレゼンとは呼べないものである。もしどうしても長く見せたいなら上映会とするべきだろう。動画を見せる場合も長すぎると必ずだれるので本当に見せたいシーンを短く見せるのが鉄則である。いろいろなシーンを見せたいのであれば、動画ではなく、シーンをキャプチャしたものを写真と

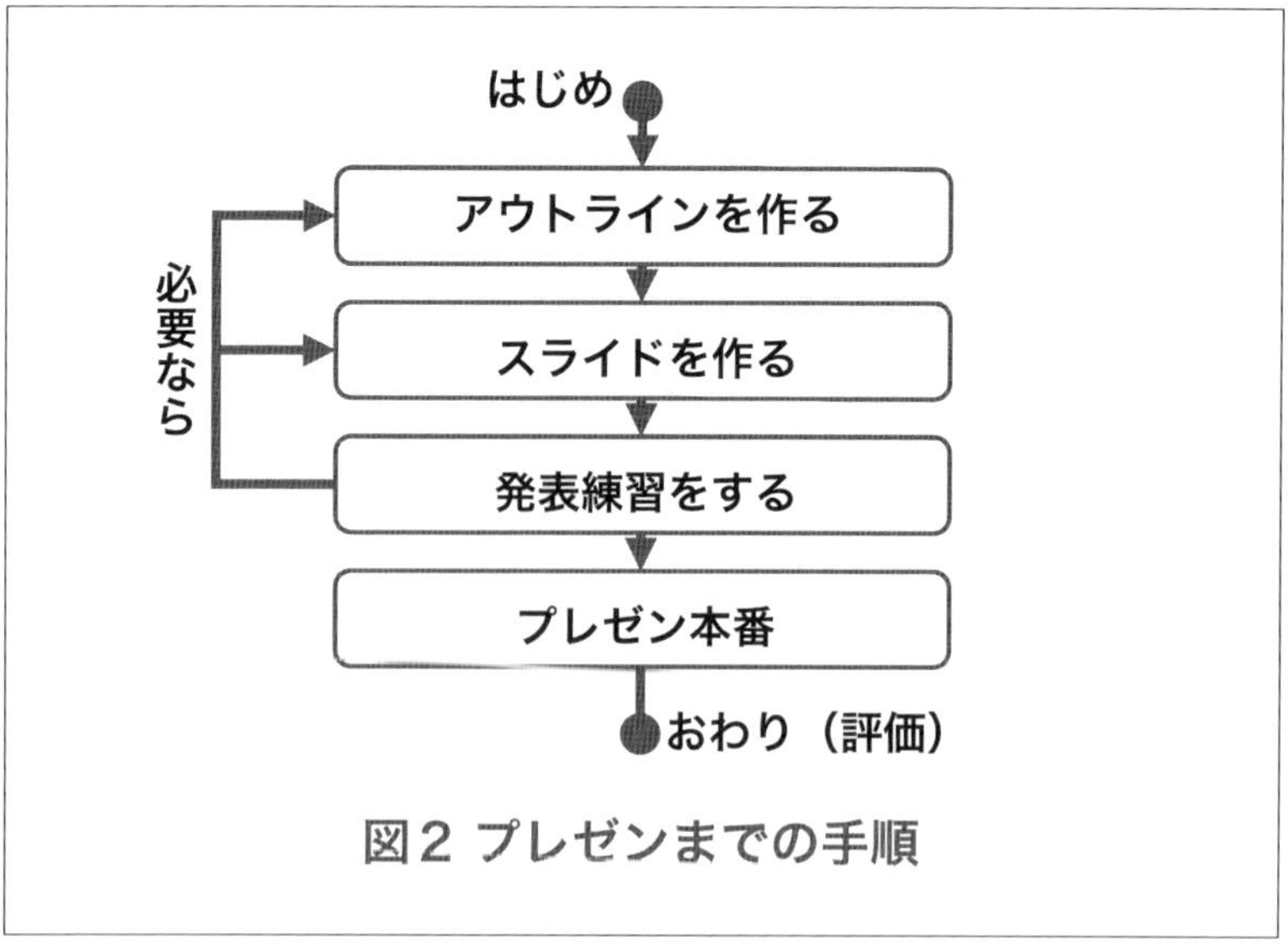

スライド5　ダイアグラムのスライドの典型例

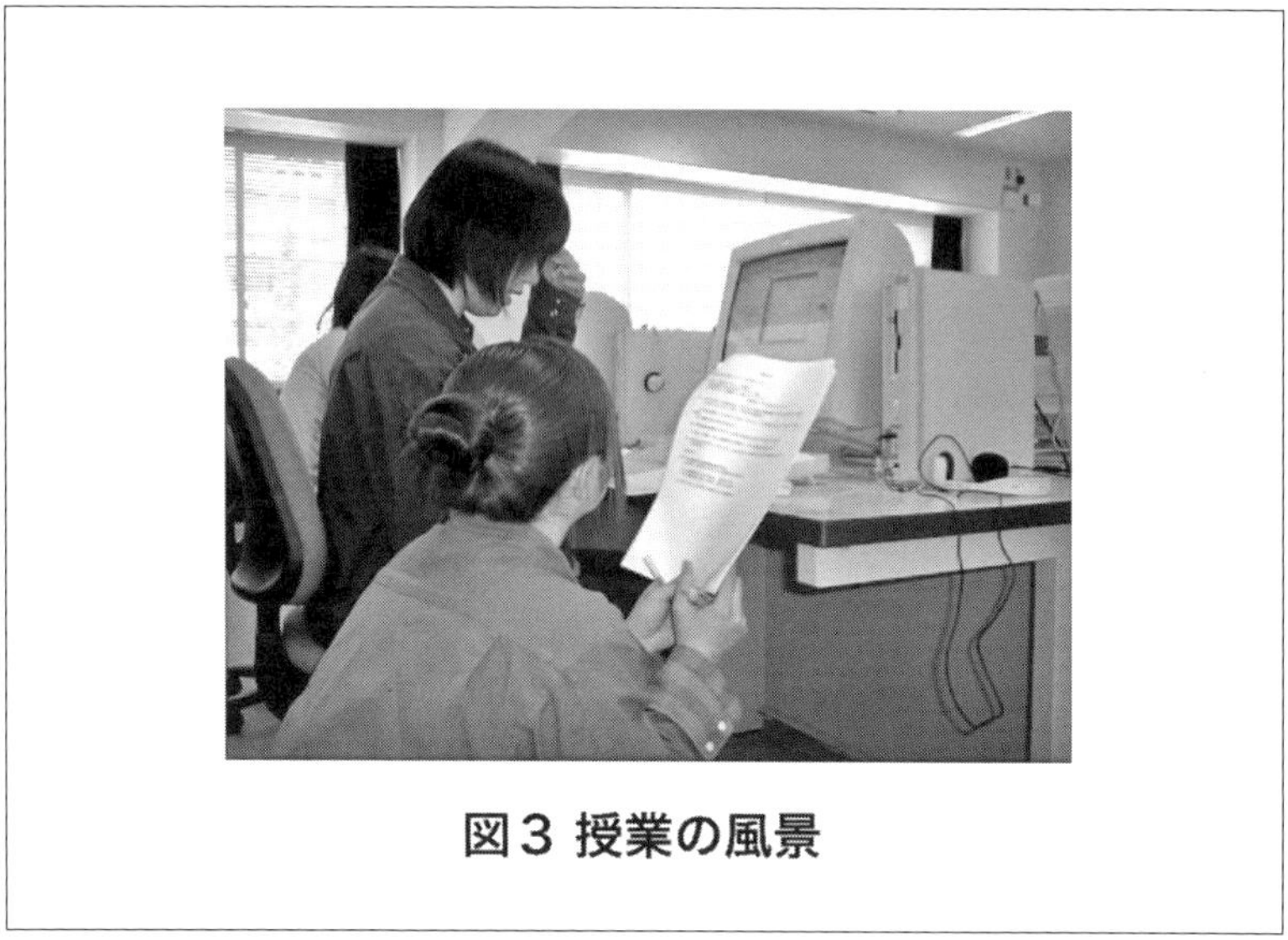

スライド6　写真のスライドの典型例

して見せるべきである。

●表紙と結論

以上が、スライドの五種類の基本パターンである。忘れてはいけないのは、表紙のスライドと結論（まとめ）のスライドを作ることだ。

表紙には、タイトルと発表者の名前を入れておく。プレゼンが始まる少し前から表紙のスライドを投影しておくと、聞き手の注意を引くのでよい。

まとめのスライドも必要だ。発表が終わったら、まとめのスライドを映した状態で置いておき、質問を受け付けるのがよい。まとめの情報が投影されているので質問を考えやすくなる。

Step ❹ スライドはシンプルにまとめる

●デザイン重視の問題点

スライドを作る多くの人が、その内容自体よりも、どんな背景にしようか、どんなレイアウトにしようか、どんなフォントスタイルを使おうか、どんなクリップアート（挿絵）を入れようか、といったことに時間を費やしている。確かにそれは楽しい作業かもしれない。しかし、あえてここでは、そうしたことに凝らずにシンプルなスライドが一番良いということを強調したい。

スライドのデザインに凝っても、聞き手が感心するのは最初の一枚だけであって、それ以降はすぐに慣れてしまう。奇抜なイラストを入れても、それは聞き手の注意をそらすだけの効果しかないかもしれない。きれいにデザインされたできあいのスライドを使った場合も、聞き手は「このデザインは以前にも見たな」と思うかもしれない。

したがってスライドのデザインやイラストに凝ることはやめて、その時間を内容の構成と並べ方に使うべきなのである。その方が、プレゼンをインパクトあるものにするためには効果的である。

全体の構成は、論文やレポートと同じように「序論、本論、結論」とする。まず、序論では、聞き手の注意を引くことに努力を傾ける。このプレゼンがどのような意味を持っているか、またどんなことに役立つのか、というようなことを訴える。本論では、プレゼンの中心部分を詳しく述べていく。最後に、結論では、プレゼンで主張したいことを力強くまとめて終える。

●背景色の潜在的効果

シンプルがいいとはいえ、箇条書きスライドばかりだと、画面は単調になりがちである。その場合は、背景色を変化させると効果がある。でたらめに背景色を変化させるのではなく、話題が変わったところで、基本の背景色とは違う背景色のスライドを使う。そうすると聞き手は、話題の変化をそれとなく感じ取ることができる。

第3章　効果的な発表法

Step ❶［準備］発表の練習をしよう

スライドが一通り完成したら、発表の練習をしよう。一人で練習するのではなく、友人や同僚に見てもらい、アドバイスを受けることが効果的だ。

●時間を計る

プレゼンで一番大切なのは、時間をきちんと守ることである。特に、学会や研究会での発表の時は時間を厳しく守る必要がある。したがって、練習でチェックしなければならない第一のことは、一定のペースで発表していったときにどれくらい時間がかかるかを計ることだ。

●スライドが多すぎたら

もし練習で時間オーバーになることがわかったら、スライドを減らす。その場合、スライドを削除するのではなく、予備スライドとして別ファイルにしておくのがよい。こうしておけば、もし予想外に早く発表が終わった場合に、予備スライドを映して、補足的な説明をすることができるからである。

●わかりにくいところを指摘してもらう

発表練習を聞いてもらう人には、わかりにくいところを指摘してもらおう。後でまとめて指摘してもらうように、発表中は意見を言わずに、改善の必要なところのメモを取ってもらう。発表終了後に、最初のスライドから順々に見ていって、スライドのどこがわかりにくいか、また話のどこがわかりにくいかを逐次指摘してもらう。発表者は、それを参考にして、スライドを手直ししたり、話のわかりにくいところを直したりする。

Step ❷ ［本番］スライドを使ったプレゼンテーション

いよいよ本番である。スライドも吟味し、練習もした。自信を持って本番に臨もう。堂々とした態度がプレゼンを成功に導く。

●機器のチェック

本番の前に必ず、プロジェクターとパソコンの投影チェックをしておこう。こういうときに限って機器の調子が悪くなることがある。コードや接続の確認だけでなく、必ずスライドを投影してみることだ。

スライドの投影は、スクリーンの中心ではなく、スクリーンの上限ぎりぎりのところまで上げる。こうすれば、後ろの席に座っている人にもよく見える。スクリーンの中心に投影すると、前の人の頭が邪魔になってスライドの下の部分が見えないことがよくある。

●聞き手の注意を引きつける

大きな声で始めよう。そして、聞き手の注意を引きつけよう。話を聞いてもらう態勢を作ってもらうためだ。

●スライドは話し手の台本

大勢の聞き手の前で発表するからといって、完全な発表原稿を作り、それを読み上げてはいけない。なぜなら、読み上げられた原稿を聞かされるほど退屈なことはないからだ。あなたが聞き手に伝えようとすることはすべてスライドに書いてあるのだから、あなたはスライドを提示しながら、聞き手に自然に語りかけるようにして話せばよい。リラックスして話そう。

●スライドを指す

スライドの項目を指したいときがある。もしスクリーンに手が届く場合は、スクリーンを直接長い指し棒で指す。こうすれば、発表者はすっと立った姿勢で、聴衆の方を見ながら説明することができる。

大きな会場の場合は、スクリーンが大きすぎて指し棒では届かないことがある。こういうときには、あらかじめレーザーポインターを用意していくとよい。

●視線を回す

スライドを使うと、発表者はスクリーンの方ばかりを見てしまいがちになる。しかし、発表者は視線を聞き手の方に向けることが必要である。そのためには、スクリーンを見て話しながら、そのまま視線を聞き手の方に移すとよい。会場をひとわたりぐるりと見ながら話し、次のスライドに移るようにする。視線を聞き手にあわせるだけで、聞き手はあなたの話を真剣に聞いてくれるという効果がある。

●時間をオーバーしたとき

発表練習をしたにもかかわらず、時間オーバーになったときはどうするべきか。その場合は、たとえまだ話し終わっていないことがあったとしても大急ぎでまとめ、質疑を受け付けるようにすることだ。スライドは途中のものをとばして、結論のスライドを映す。そして、力強く終わる。最後の印象が、全体の印象を決める。

●質問の受け方、答え方

おそらく、質疑応答の時間は発表者が最も緊張する時間だろう。どんな質問が出てくるのか予想がつかないからだ。

一番困るのは誰も手を挙げてくれる人がおらず、会場がシーンとなることだ。質問が出ないからといって発表者は喜んではいけない。質問が出ないのは、自分の発表がよく分かってもらえなかったか、発表がつまらないものだったかのどちらかだと考えられるからだ。わかりやすく、面白いプレゼンには必ず質問が出てくるはずだ。

質問が出た場合は、まず質問をよく聞く。質問をする人自身が緊張している場合もあるので、相手の言った質問をもう一度確認することも有効である。「お尋ねになったのは○○○ということですね？」という確認は勧められる。というのは、発表者はそのあいだに回答を考える時間ができるからだ。質問を確認した時点でたいてい回答はできているものだ。

質問してくれた人に対して、感謝の気持ちを回答に表すとよい。「ご質問、ありがとうございます」という一言をいれると感じがよくなる。

Step ❸［振り返り］評価を受けよう

今回のプレゼンは終わった。しかしまたプレゼンをする機会がやってくるだろう。そのときのために、自分のプレゼンを改善しよう。プレゼンスキルをよりよいものにするためには、評価を受けることが効果的だ。

●評価アンケートを取ろう

もし許可が得られるなら、プレゼンを聞いてもらった人に簡単なアンケートに回答してもらうとよい。アンケートは、長くても数分で書き終えることができるような簡便な形式にする。

評価アンケートは、たとえば「このプレゼンはわかりやすかったですか?」を5段階評価するというようなものよりも、「このプレゼンで改善すべき点を書いてください」というように自由に記述してもらう方が、情報量が多くなる。

●次のために改善しよう

たとえプレゼンがうまくいかなかったとしても、悔やむことはない。次のプレゼンをよりよいものにすればよいだけの話である。うまくいかなかったとすれば、どこをどのようにすればよかったのか、それを突き止めることが大切である。

また、自分自身の評価と、聞き手の評価が大きく食い違うことにも気がつくだろう。自分は大失敗だと思っていても、聞き手はまったく気がついていなかったり、また反対に、自分ではよかったと思うことでも、聞き手には不評だったりすることがよくある。

こうしたことを明らかにする意味でも、アンケートの情報は役に立つ。アンケートに書かれたことを謙虚に受け止めることだ。それが良いことであっても、悪いことであっても、一度は謙虚に受け止め、次のプレゼンの改善のためにそれを生かしていくことだ。

表現の探求①
スライドを使った授業

◆板書しない授業

スライドを使ったプレゼンを行うのとまったく同じ要領で授業をすることもできる。授業というと板書がつきものだが、スライドを使えば、板書をしない授業が可能になる。

板書をしない授業にはどんなメリットがあるだろうか。それは、いうまでもなく板書にかかる時間が節約できるということである。板書にかかる時間を詳しい解説をする時間に回すことができる。

また、板書できないような、写真やイラストといった視覚的情報を伝えるのにも効果が高い。音声を伴った動画を提示することもできる。

◆速すぎてノートが取れません

スライドを使った授業で気をつけなければいけないことは、そのスピードである。話し手はついつい速くスライドを進めてしまいがちになる。板書をする手間がなくなるのだから、それは自然なことだ。しかし、あまり速くスライドを進めると、聞き手はノートを取る時間がなくなってしまう。スライドを使った授業をしたときに、最もたくさんでる不満がこれである。

話し手は、常に聞き手がノートを取る時間を考えながら、一枚のスライド提示のために少なくとも一定の時間を確保しなくてはならない。

◆理解は促進される

しかし、スライドのスピードに注意をすれば、スライドを使った授業は効果が高い。なぐりがきの板書よりも整理されて見やすいスライドの方が効果が高いのは当然である。

スライドを使ったプレゼンの方法をマスターしてしまえば、このようにさまざまなことに応用することができる。ぜひチャレンジしていただきたい。

表現の探求②

スライドのプリントは配るべきか？

◆配るとそれを読んでしまう

パワーポイントのようなスライド作成ソフトには、スライドをまとめて印刷する機能が備わっている。それを利用して、聞き手の人にあらかじめスライドを印刷した物を配ることができる。

しかし、この場合に問題なのは、聞き手の手元に印刷資料があると、投影されたスライドを見ないで、つい印刷資料の方を見てしまうことである。もしスライドが見にくいものであると、この傾向は加速される。聞き手が手元の印刷資料を見ると、視線は下に落ち、同時に、話し手の顔を見ることも少なくなる。聞き手が話し手の顔を見てくれなければ、プレゼンの効果は半減である。こうなることは避けたい。

◆ノートを取るには便利

しかし、印刷資料はノートを取るためには便利である。スライドに映された項目はすでに印刷してあるので、聞き手は追加の情報をその紙に書いていくだけでよい。つまり、スライドの内容をノートする必要はなくなる。

◆どうするか

印刷資料を配付すると、ノートを取るには便利だが、それでプレゼンの効果は半減するかもしれない。どうすればいいのだろうか。

ひとつの解決案は、プレゼンが終わったあとに印刷資料を配るという方法である。これならば、プレゼンをしている間は話し手を見てもらえる。プレゼンが終わったあとは、すべてのスライドが印刷資料として手元に残るということになる。

もしスライドそのものに資料的な価値がある場合は、プレゼン終了後に印刷資料を配付するのがよいだろう。そうでない場合は、話を聞きながらノートを取ってもらうのがよい。いずれにしても、プレゼンの開始前に印刷資料を配付してしまうのは、プレゼンの効果を半減させてしまう危険性がある。

巻末レッスン

豊かな日本語表現のために

「①知っておきたい日本語の知識」「②知っておきたい敬語の知識」、そしてデジタル社会を反映させて「③メディアリテラシーの課題」についてのレッスンを行う。①では、漢字表記や、語彙、日本語の構文がもつ特長やレトリックの種類などを、また②では、敬語の種類や用法などを、最新の研究成果をふまえて解説した。また、③では、普段私たちがメディアを通して表現する上で意識しておくべきことなどについてまとめた。

①知っておきたい日本語の知識

●日本語の表記――漢字仮名交じり文

現代の日本語では、一般的に漢字と仮名（平仮名）によって文章を書き表すことになっている。これを漢字仮名交じり文と呼ぶ。単語によっては、片仮名やローマ字によって表記されることもある。

漢字は、体言や用言の語幹など意味を表す部分の表記に使われ、それに対して、平仮名は助詞・助動詞や用言の活用語尾など話し手の判断を示す部分や形式的な要素を表す場合に用いられる。

一方、片仮名やローマ字は、その由来が現在も表記に反映されている。片仮名は表音性が強かったため、外来語・動植物名・擬声語・擬態語などの表記に使われている。

このような使い分けは文字を性格づけることにもなり、普通は漢字で表記するものでも、平仮名を使うと柔和な感じになったり、片仮名表記によって斬新さを出したりすることができる。なかには、「携帯」のように、「ケータイ」と表記を変えることによって指し示すものまで変わるものもある。このような性質を利用することによって表現が効果的になることもある。

【送り仮名】漢字仮名交じり文において、漢字の読みを間違えないようにするためのもので、次のような原則がある。

①活用語は、活用語尾を送り、活用語尾以外の部分に他の語を含む場合は、その語の送り方による。

・動く―動かす　・浮く―浮かぶ
・重い―重んずる　・細かだ―細かい

②名詞は送り仮名をつけないが、活用語から転じた名詞や接尾語がついて名詞になったものについてはもとの語の送り仮名をつける。

・月　鳥　動き　近く　暑さ　憎しみ

③副詞・連体詞・接続語は、最後の音節を送る。

④複合語は、それを構成する単独の語による。ただし、慣用的に送らないものもある。

・書き抜く　後ろ姿　取締役　書留

●日本語の語彙――和語・漢語・外来語

日本語の単語は、語種から和語・漢語・外来語に分けられるが、これらの間に類義関係が成立するものがある。

・道―道路　車―車両　決める―決定
・宿屋―旅館―ホテル　調べる―調査―リサーチ

受け取り―領収書―レシート
・乗る―乗車・乗船・乗馬・搭乗

これらを比較してみると、和語は、日常的で、私的な、くつろいだ感じを与え、漢語は、専門的で、公的な改まった感じを与えることが分かる。また、外来語は新鮮でスマートな印象を与えるといえる。それぞれの文体的印象を理解することで、より効果的な使用ができる。

このほか、和語は、一つの単語が覆う意味の範囲が広く、抽象的であるのに対し、漢語は、その範囲が限られ、分析的で具体的といえる。一方、外来語は、意味が明確でなかったり、具体的でないものが少なくない。特に新しく借用された語の中には、意味が不安定なものも多い。表現においては、このような特徴にも考慮して、適切に使用しなければならない。

●日本語の構文――的確な表現

文章や段落は文によって組み立てられている。的確な表現のためには、文法的に正しい文を作ることが必要である。

【主語・述語の関係】 主語・述語の関係は的確に照応させる。そのためには、主語と述語とがあまり離れないようにする。離れすぎると、途中で別の主語のもとに文が展開してしまうことがあるので、複数の文に分ける。

× 私たちの学校は、市街地の北はずれで、かつて城の築かれていた小高い丘の上にあり、毎朝、急な坂道を息を切らしながら自転車で登校した。

○ 私たちの学校は、市街地の北はずれで、かつて城の築かれていた小高い丘の上にあった。毎朝、急な坂道を息を切らしながら自転車で登校した。

【修飾語・被修飾語の関係】 主述と同様、修飾語と被修飾語も離れないようにする。長い連体修飾語は意味の理解を妨げる場合があるので配置に注意したり、分けたりする。

× ラジオから流れた「明日の天気は午後から晴れる」という予報が、私たちが出発を早めた理由だ。

○ 「明日の天気は午後から晴れる」という予報がラジオから流れたので、私たちは出発を早めた。

【修飾語の順序】 一つの被修飾語に対して、幾つかの修飾語がある場合、混乱しないように次の原則をもとに語順を工夫する。

①長い修飾語は前に置き、短い修飾語は後に置く。
②大きな状況や重要なことほど前に置く。
③文全体では、いつ（時）・どこで（場所）・だれが（主語）・どのように……の順序にする。

●**魅力ある文章――レトリックの工夫**

文章をより的確に伝えるために、表現の仕方を工夫してみよう。

【**比喩法**】ある事物を表現するのに、似たところのある他の事物を借りて述べる方法で、事物をより鮮明に印象づける効果がある。

①**直喩**　「ような（に）」などの語を使って、たとえていることを明示する方法。明喩。「夢のような話」など。

②**隠喩**　「……のような」などの語を使わずに、直接二つの物事を結びつける方法。暗喩。「彼は日本とアメリカの架け橋として活躍した」「盲導犬のジョンは、私の目だ」など。

③**擬人法**　人間以外のものを人間にたとえて扱う方法。「夏の日差しにひまわりが笑っている」など。

④**声喩**　物事の状態・ようすを、それを示すのにふさわしい音で表す方法。擬態語・擬声語などで、「ぴかぴか」「にやにや」「カラカラ」「ドンドン」など。

【**強調法**】表現に迫力をもたらす方法で、読み手に強い印象を与える。

①**倒置法**　主語・述語・修飾語などの順をかえて印象や意味を強調する。

②**反復法**　同じ語を繰り返して意味を強める。

③**対句法**　対になる語句を並べ、意味をきわだたせる。

【**文末表現**】「だ・である」の常体は、主に書き言葉に用いられる。新聞・雑誌などでは「だ」調が、報告文・説明文・意見文などには「である」調が使われる。「です・ます」の敬体は、主に話し言葉に用いられる。温かさを感じさせるので通信文や、随筆で使われることもある。一つの文章では、どちらかに統一するが、単調にならないように文末に変化を与える工夫が必要である。

②知っておきたい敬語の知識

話し手（書き手）が、相手や話題の中に出てくる人物に対して、敬う気持ちや改まった気持ちを表す言葉を敬語といい、次のような種類がある。

①**尊敬語**　話し手（書き手）が、相手や話題中の人物を高く待遇するときに用いる。

・お住まいはどちらですか／これは○○さんがお書きになったものです／先生もいらっしゃいますか

②**謙譲語**　話し手（書き手）が、自分や話題中の人物を低めることで間接的に相手を高く待遇するときに用いる。

・わたくしから申し上げます／拝見しましたが間違いありません／ただいま参ります

③丁寧語　話し手が、物言いを丁寧にすることで、相手に対して改まった気持ちを表す。

・これは○○のホームページにあったものです／私がいっしょに行きます

④美化語　物事を上品に美しく言うときに用いる。丁寧語として扱うこともある。

・もうすこしお野菜が安くなってくれるとね……

＊「小鳥にえさをあげる」「学校をお休みしました」の、「あげる」「お休みする」は謙譲語なので誤用と考えられるが、美化語として認めようとする意見もある。

●間違えやすい敬語の例

①先生は卒業パーティーに出席いたしますか。
→（○　出席なさいますか）

「いたす」は「する」の謙譲語で自分や身内の動作に用いる。

②どうぞ会席料理をいただいてください。
→（○　召し上がってください）

相手に料理を勧める場面。相手の動作には尊敬語「召し上がる」「上がる」を用いる。

③我が社の専務が御社の研究室にいらっしゃりたいとのことです。
→（○　伺《うかが》いたいとのことです）

自社の専務は身内であり、訪問先への敬意は謙譲語で表す。

④会長様、おりましたら受付までお越しください。
→（○　いらっしゃいましたら）

「おる」は「いる」の謙譲語である。「会長」が「いる」のだから尊敬語「いらっしゃる」「おいでになる」を用いる。

⑤山本さんのお宅でいらっしゃいますか。
→（○　お宅でございますか）

「いらっしゃる」は人に使う尊敬語。「お宅」か否かを尋ねるには「ある」の丁寧語「ございます」を用いる。

⑥木村先生がいらっしゃられる。
→（○　いらっしゃる）

文語では尊敬語を二語重ねた「笑はせ給ふ」などが用い

られるが、現代の口語では、「おいでになられました」「申し上げさせていただきます」などの過剰敬語は避けたい。

⑦七五三のお着物がお求めやすくなっています。
↓（○　お求めになりやすく）

これでは「求めやすい」に「お」を添えただけである。「お〜になる」を添加しないと尊敬表現にならない。

●**待遇表現**

私たちは、敬意や改まりの気持ちを表すとき、表情や動作も使っている。「こちらでお待ちください」という言葉とともに、ほほえみの表情や手のひらを椅子《いす》にむける動作も敬意の表現となる。相手の話を聞きながら頷いたり、「おっしゃる通りです」と相づちをうったりするのも敬意の表現である。

また、敬意表現とは反対に、相手を低めたり、ののしったり、傷つけたりする軽卑《けいひ》語、差別言葉、いじめ言葉の領域もあり、敬意表現の領域とあわせて、待遇表現という。当然ながら、待遇表現には、表情、動作、服装など非言語コミュニケーションを伴うことが多いので注意したい。

待遇表現は、文化によって洗練されているが、安全確保のための動物の挨拶行動とも起源を同じくする、人間にとって本源的な関係行為でもある。現代では特にそのことが意識されるようになっている。

●**現代の敬語の課題**

日本語の敬語は、身分制社会の名残のように思われているけれども、今後も敬語はなくならないだろうといわれている。それは、日本に身分制度が残っているからではなく、都市化や情報化の進展につれて、敬語に、身分表示、上下関係の表示とは別の役割が必要とされるようになっているという事情による。

例えば、敬語を使う意識の背景に、高学歴化にともない敬語がそのひとの教養を表示するステイタスシンボルの役割をはたしているという指摘がある。

また、デパートの接客、会社の商取引などビジネスの分野で敬語が盛んに使われるのに反して、家族のあいだでは敬語が使われなくなる傾向がある。

このような現在の敬語のあり方を通して、今後の敬語の変化について次のような傾向が指摘されている。

①話題の人物への敬語から、聞き手に対する敬語へ

例えば、生徒どうしでは「○○先生がいらっしゃった」とは言わず、「○○先生が来た」と言い、教員の前では「○○先生がいらっしゃいました」と言うような場合である。この場合、話題の人物（○○先生）に対する敬語も、実は聞き手（教員）への配慮で使われている。敬語の使用が、話題の人物よりも聞き手との関係で決まる傾向が強くなっているのである。

②上下関係を基準とした敬語から、親疎関係を基準とした敬語へ

家族や友人のような親しい間柄では敬語を使わず、あまり親しくない人に対して敬語を使う傾向である。これは見知らぬ他人と接触・交信する機会の多くなった都市生活・情報生活を背景にした敬語の変化である。このような場面で、安全で好ましい人間関係を確保していくためにも、敬語は必要とされているということである。

③メディアリテラシーの課題

ふだんのコミュニケーションにおいて、私たちはメッセージに対しては意識的になっても、メディアに対しては意識的でない。メディアに対して意識的に関わるのがメディアリテラシーの学習である。

例えば、手書きの原稿をワープロに打ち込むと見ばえが変わる、それを編集して本にすればさらに印象が変わることを、これまでに私たちは経験しているはずである。このことは、表現がメッセージのみで成り立つものでなく、メディアの役割も大きいことを示している。

今日、文章の書かれ読まれる場所が、携帯メールやWebブラウザという、紙の上とは異なる環境におかれるようになっている。これからの文章表現を考える上で、新しいメディア環境について知ることが必要である。

メディアリテラシーで求められているのは、次の三つの力を総合的に駆使する能力である。

①メディアの仕組みやはたらきを発見的・批判的に理解する力
②メディアを道具として主体的に使いこなす力
③メディアを活用して好ましいコミュニケーションを創出する力

●表現のおかれた新しい環境

これまで、本の世界では、限られたページ数や紙面のなかに情報をどのように配置するかを、ページ割りやレイアウトによって行ってきた。デジタル技術の世界、例えばWebの世界では、文書は、順序にとらわれず、リンクによって関連づけることができるので、ページ数や紙面のサイズのような空間的限界から自由になった。そこで文章のあり方や編集のあり方も、書物の空間とは異なる原理のもとにおかれることになった。

百科事典などの調べもので関連項目を開いていくうちに

何冊も本が机の上に積み重ねられていく、という一時代前の光景は必要なくなり、電子化された百科事典ならば、クリックするだけでリンク先のページに飛ぶことができるようになった。Ｗｅｂの世界では、情報は、始めがあり終わりがあるという「書物」の形では存在せず、断片化された文書が互いにリンクで連結しあうハイパーテキストの空間をかたちづくっていて、その空間の果てを見渡すことができない。全貌が見えないテキスト、という新しい事態に私たちは向きあっている。

しかも、リンク元の内容が更新されればリンク先の内容も自動的に更新されるように関係づけられたテキスト群は、時々刻々と成長する生き物のような有様を呈している。

●文章表現とメディア

ここでは、メディアリテラシーの観点から、文章表現に限って、従来の書物文化のリテラシーでは処理しきれない、次のような新しい要素が登場し、これからの文章表現に課題をなげかけていることを指摘しておこう。

（１）パソコンとインターネットは、これまでの著者―編集者（出版社）―読者という固定した分業体制を崩し、著者個人で低コストの編集・出版ができ、読者も受け取ったテキストに別の編集を施して利用することを可能にした。

（２）同じ文章内容（コンテンツ）を、画面（ブラウザ）で表現しようとすれば、読者に負担をかけないように、

①長いスクロールを避ける
②関連ページをリンクで分割する
③突き出しのウィンドウを開くようにする
④文章に見出しを増やす

など、本の制作の時とは別の編集上の工夫が必要とされる。

文や段落を短くし、余白・行間をあけるよう、文章表現そのものに「読みやすさ」からの制約がつけられる場合も出てくる。

（３）デジタル技術によってヴィジュアルやサウンドの扱いが容易になり、文章（テキスト）にはそれら非言語要素との新しい連携が期待されている。

（４）マスコミでは受容者であった個人が、容易に発信者の立場に立つことができるようになり、マスコミ以上の世界的な広がりで存在する受容者の前に、自己のメッセージが自由にできる状態で、複製・引用・変形表現には自己責任と安全性への配慮が必要になる。

執筆者
長沼行太郎　元関東短期大学
青嶋康文　東京都立南多摩中等教育学校
入部明子　つくば国際大学
向後千春　早稲田大学
幸田国広　早稲田大学
佐野正俊　拓殖大学
傍嶋恵子　テクニカルライター
豊澤弘伸　宮城学院女子大学

カバー作品　ひまわり・あなたは素晴らしい
服部みどり　造形作家
細川美穂子　AD & Flower Design
佐藤隆俊　Photograph

日本語《にほんご》表現《ひょうげん》のレッスン
−文章技法からイベント・プレゼンの企画と実施まで

2003年8月26日　初版第1刷発行
2017年2月1日　初版第9刷発行

発行者　山﨑富士雄
発行所　教育出版株式会社
〒101-0051　東京都千代田区神田神保町2-10
TEL 03(3238)6965　FAX 03(3238)6999

印刷　藤原印刷
製本　上島製本

ISBN 978-4-316-80057-8　C3081　Printed in Japan